I0566735

BESTACTIVITYBOOKS.COM

PREMIERE ÉDITION

Dépôt légal, 2022

Illustration Graphique Extra: www.freepik.com
Merci à Alekksall, Starline, Pch.vector, Rawpixel.com, Vectorpocket, Dgim-studio, Upklyak, Macrovector, Stockgiu, Pikisuperstar & Freepik.com Designers

5 ASTUCES POUR DÉMARRER !

1) COMMENT RÉSOUDRE LES MOTS MÊLÉS

Les puzzles sont dans un format classique :

- Les mots sont cachés sans espaces, tirets, ...
- Orientation : Les mots peuvent être écrits en avant, en arrière, vers le haut, vers le bas ou en diagonale (ils peuvent être inversés).
- Les mots peuvent se chevaucher ou se croiser.

2) UN APPRENTISSAGE ACTIF

Un espace est prévu à côté de chaque mots pour noter la traduction. Pour favoriser un apprentissage actif un **DICTIONNAIRE** à la fin de cette édition vous permettra de vérifier et étendre vos connaissances. Cherchez et notez les traductions, trouvez-les dans le Puzzle et ajoutez-les à votre vocabulaire !

3) MARQUEZ LES MOTS

Vous pouvez inventer votre propre système de marquage. Peut-être en utilisez-vous déjà un ? Sinon, vous pourriez, par exemple, marquer les mots qui ont été difficiles à trouver d'une croix, ceux que vous avez aimés d'une étoile, les mots nouveaux d'un triangle, les mots rares d'un diamant, etc...

4) STRUCTUREZ VOTRE APPRENTISSAGE

Cette édition vous offre un **CARNET DE NOTES** très pratique à la fin du livre. En vacances ou en voyage ou à la maison, vous pouvez facilement organiser vos nouvelles connaissances sans avoir besoin d'un second bloc-notes !

5) VOUS AVEZ FINI TOUTES LES GRILLES ?

Allez à la section bonus **CHALLENGE FINAL** pour trouver un jeu gratuit à la fin de cette édition !

Simple et Rapide ! Découvrez notre collection de livres d'activités pour votre prochain moment de détente et **d'apprentissage**, à juste un clic de distance !

Trouvez votre prochain défi sur :

BestActivityBooks.com/MonProchainLivre

À vos marques, prêts... Partez !

Saviez-vous qu'il existe environ 7 000 langues différentes dans le monde ? Les mots sont précieux.

Nous aimons les langues et avons travaillé dur pour créer les livres de la plus haute qualité pour vous. Nos ingrédients ?

Une sélection des thématiques d'apprentissage adaptée, trois belles parts de divertissement, puis nous ajoutons une cuillère de mots difficiles et une pincée de mots rares. Nous les servons avec soin et un maximum de plaisir pour vous permettre de résoudre les meilleurs jeux de mots mêlés qui soient et d'apprendre en vous amusant !

Votre avis est essentiel. Vous pouvez participer activement au succès de ce livre en nous laissant un commentaire. Nous aimerions vraiment savoir ce que vous avez préféré dans cette édition !

Voici un lien rapide qui vous mènera à la page d'évaluation de vos commandes :

BestBooksActivity.com/Avis50

Merci pour votre aide et amusez-vous bien !

De la part de toute l'équipe

1 - Adjectifs #2

D	E	S	C	R	I	P	T	I	V	E	K	M	R	S	E
K	W	V	N	E	W	A	S	Z	D	U	O	R	P	T	M
G	R	X	N	C	M	T	B	Z	R	L	N	B	D	R	D
P	I	Q	Y	T	C	N	Q	Q	A	N	I	U	H	O	O
K	F	F	H	X	L	A	J	O	M	I	M	W	W	N	L
I	B	W	T	S	G	G	E	L	A	I	L	C	Y	G	P
N	W	L	L	E	A	E	V	I	T	C	U	D	O	R	P
E	F	Z	A	B	D	L	I	F	I	I	F	P	B	Z	U
X	N	O	E	N	D	E	T	U	C	T	R	U	Z	Q	M
A	F	W	H	T	T	N	A	Y	N	N	E	R	A	H	W
F	A	M	O	U	S	V	E	P	E	E	W	E	D	R	Y
B	S	C	E	V	U	Y	R	H	K	H	O	A	D	A	U
F	A	K	U	X	S	L	C	U	P	T	P	F	A	A	F
S	Y	B	Z	T	C	B	G	S	W	U	I	P	O	R	Y
H	M	V	B	S	N	V	N	M	L	A	R	U	T	A	N
R	E	S	P	O	N	S	I	B	L	E	Z	T	K	C	I

AUTHENTIC
FAMOUS
CREATIVE
DESCRIPTIVE
GIFTED
DRAMATIC
ELEGANT
PROUD
STRONG
NATURAL
NEW
PRODUCTIVE
POWERFUL
PURE
RESPONSIBLE
HEALTHY
SALTY
WILD
DRY

2 - Formes

S	H	C	I	T	T	R	I	A	N	G	L	E	W	T	E
Q	Y	Y	P	U	W	V	O	L	C	P	B	C	S	Y	D
U	P	C	I	R	C	L	E	A	D	U	L	I	N	E	G
A	E	N	Q	Z	J	T	L	R	E	N	R	O	C	G	E
R	R	E	L	G	N	A	T	C	E	R	C	D	Z	P	S
E	B	M	Q	B	P	C	W	S	O	G	L	Z	W	A	Y
N	O	R	W	Z	I	G	T	V	B	M	L	C	L	X	J
Z	L	K	B	Z	S	E	X	N	E	J	P	Z	L	A	S
O	A	Y	G	E	I	E	Q	G	W	C	P	R	S	N	K
S	T	Q	V	M	D	S	L	J	G	F	O	M	I	J	F
P	Q	J	Q	J	E	E	A	L	W	A	U	G	A	S	X
H	V	E	S	T	U	D	V	F	I	S	R	V	G	V	M
E	D	P	O	L	Y	G	O	N	F	P	C	N	V	Z	U
R	C	Y	L	I	N	D	E	R	C	B	S	O	X	N	F
E	C	U	B	E	P	Y	R	A	M	I	D	E	N	O	Z
M	W	I	H	S	C	U	R	V	E	P	Q	T	T	E	A

ARC
EDGES
SQUARE
CIRCLE
CORNER
CURVE
CONE
SIDE
CUBE
CYLINDER
ELLIPSE
HYPERBOLA
LINE
OVAL
POLYGON
PRISM
PYRAMID
RECTANGLE
SPHERE
TRIANGLE

3 - Force et Gravité

M	U	E	M	D	Z	X	P	B	T	F	A	D	D	Y	M
E	N	F	R	O	O	R	E	G	F	I	U	Y	Y	R	A
C	I	C	Y	Z	E	J	T	C	A	P	M	I	N	E	G
H	V	E	Z	M	O	T	I	O	N	E	F	E	A	V	N
A	E	N	O	R	B	I	T	K	S	A	A	E	M	O	E
N	R	T	O	R	D	W	C	Y	P	E	T	Q	I	C	T
I	S	E	R	U	S	S	E	R	P	L	G	S	C	S	I
C	A	R	X	M	B	J	X	I	U	L	W	I	I	I	S
S	L	P	L	A	N	E	T	S	G	T	K	X	I	D	M
P	R	O	P	E	R	T	I	E	S	H	R	A	C	E	T
V	J	M	F	Q	H	I	W	V	J	X	T	D	Y	E	Q
V	N	N	P	H	Y	S	I	C	S	W	N	Q	Q	P	T
Q	A	L	C	L	X	Z	P	U	A	W	L	G	Y	S	E
T	J	M	T	D	Q	B	K	Q	L	N	O	W	Q	L	P
E	X	P	A	N	S	I	O	N	O	I	T	C	I	R	F
T	K	L	R	X	L	D	Y	P	Z	E	O	G	U	R	L

AXIS
CENTER
DISCOVERY
DISTANCE
DYNAMIC
EXPANSION
FRICTION
IMPACT
MAGNETISM
MECHANICS
MOTION
ORBIT
PHYSICS
PLANETS
WEIGHT
PRESSURE
PROPERTIES
TIME
UNIVERSAL
SPEED

4 - Adjectifs #1

Y	G	I	A	K	C	B	A	R	O	M	A	T	I	C	I
V	E	M	M	T	G	M	E	V	I	T	C	A	O	I	N
N	N	D	A	P	T	Y	V	A	E	H	S	X	K	T	N
L	E	R	M	J	O	R	S	Q	U	G	B	R	X	S	O
R	R	T	H	I	N	R	A	C	I	T	O	X	E	I	C
W	O	S	R	Q	R	C	T	C	I	S	I	I	J	T	E
N	U	E	S	X	E	Q	L	A	T	X	T	F	N	R	N
P	S	N	J	A	D	P	Q	K	N	I	D	U	U	A	T
S	L	O	W	M	O	Z	W	P	X	T	V	E	A	L	C
J	S	H	T	B	M	D	M	V	Y	V	Q	E	C	L	E
H	T	R	O	I	A	B	S	O	L	U	T	E	U	I	F
C	K	J	Y	T	W	G	B	Y	D	V	B	S	J	L	R
M	L	A	C	I	T	N	E	D	I	H	U	G	E	V	E
B	Z	N	J	O	I	U	I	F	U	W	H	F	V	C	P
O	E	M	D	U	R	O	D	K	O	E	M	R	R	Q	A
W	X	O	F	S	X	Y	D	P	M	K	M	O	M	J	N

ABSOLUTE
ACTIVE
AMBITIOUS
AROMATIC
ARTISTIC
ATTRACTIVE
BEAUTIFUL
EXOTIC
HUGE
GENEROUS
HONEST
IDENTICAL
IMPORTANT
INNOCENT
YOUNG
SLOW
HEAVY
THIN
MODERN
PERFECT

5 - Instruments de Musique

Q	G	J	H	X	S	T	V	D	B	C	K	P	A	T	H
L	L	L	A	A	Z	T	Z	I	M	R	W	I	B	R	A
J	C	G	R	S	Z	N	I	L	O	D	N	A	M	O	R
J	K	Z	M	F	J	O	F	E	T	L	O	N	I	M	P
B	C	V	O	D	T	C	B	E	R	Z	I	O	R	B	N
B	S	G	N	O	G	L	S	H	U	R	P	N	A	O	P
P	J	D	I	L	U	A	P	Q	M	U	R	D	M	N	D
B	E	A	C	L	D	R	P	T	P	Z	F	Y	C	E	C
A	O	R	A	E	M	I	T	I	E	G	U	I	T	A	R
N	B	U	C	C	D	N	P	S	T	T	C	Q	U	A	F
J	O	T	A	U	D	E	B	S	T	R	U	J	N	Z	K
O	C	G	I	A	S	T	E	A	C	S	G	L	I	Z	D
Z	M	S	Z	A	D	S	Y	Q	U	W	Q	V	F	D	Z
O	D	Y	L	S	E	N	I	R	U	O	B	M	A	T	F
D	Q	J	T	N	M	C	I	O	D	G	G	G	L	L	V
S	A	X	O	P	H	O	N	E	N	O	O	S	S	A	B

BANJO
BASSOON
CLARINET
FLUTE
GONG
GUITAR
HARMONICA
HARP
OBOE
MANDOLIN
MARIMBA
PERCUSSION
PIANO
SAXOPHONE
DRUM
TAMBOURINE
TROMBONE
TRUMPET
VIOLIN
CELLO

6 - Échecs

C	P	S	W	U	D	I	A	G	O	N	A	L	K	M	D
L	O	A	H	T	N	C	Q	X	P	H	B	P	I	S	C
E	I	C	I	C	H	J	D	X	V	G	E	Z	N	S	R
V	N	R	T	C	B	P	N	O	J	L	V	T	G	L	F
E	T	I	E	Y	A	S	B	O	P	A	S	S	I	V	E
R	S	F	R	K	G	R	N	X	N	J	E	E	Y	V	M
D	F	I	T	O	L	E	A	R	N	S	L	T	G	X	I
B	K	C	C	T	H	P	T	K	I	I	U	N	R	S	T
Q	L	E	E	H	N	U	U	A	Z	Z	R	O	N	I	N
U	U	A	G	N	A	S	Y	X	R	K	H	C	O	H	N
E	Z	F	C	U	N	M	H	S	A	T	J	K	Q	Z	Q
E	A	R	A	K	A	V	P	D	E	G	S	G	A	M	E
N	I	Y	C	N	J	R	O	I	Q	C	C	P	R	K	M
T	T	P	L	E	T	N	E	N	O	P	P	O	D	Q	G
C	H	A	L	L	E	N	G	E	S	N	U	M	W	P	Y
P	L	A	Y	E	R	T	O	U	R	N	A	M	E	N	T

OPPONENT
TO LEARN
WHITE
CHAMPION
CONTEST
CHALLENGES
DIAGONAL
CLEVER
GAME
PLAYER

BLACK
PASSIVE
POINTS
QUEEN
RULES
KING
SACRIFICE
STRATEGY
TIME
TOURNAMENT

7 - Herboristerie

F	A	Y	T	I	L	A	U	Q	H	S	P	T	O	R	R
L	B	R	T	A	R	R	A	G	O	N	G	R	E	E	N
O	E	A	O	B	E	G	Q	G	W	Q	F	C	M	W	Q
W	N	M	P	M	H	C	D	Z	K	T	F	D	O	M	J
E	E	E	J	A	A	D	U	K	H	E	D	V	S	I	C
R	F	S	Q	R	U	T	N	E	I	D	E	R	G	N	I
E	I	O	Q	O	Z	C	I	L	R	A	G	J	Y	T	J
D	C	R	C	J	N	B	B	C	S	A	F	F	R	O	N
N	I	S	L	R	C	F	E	N	N	E	L	N	V	X	E
E	A	M	V	A	R	U	Z	U	L	M	K	A	R	X	D
V	L	C	D	M	O	N	L	R	D	Y	M	W	M	P	R
A	V	J	T	B	V	F	Z	I	Z	H	T	N	I	Z	A
L	U	D	T	T	A	D	C	N	N	T	Z	H	N	W	G
N	H	H	Y	E	L	S	R	A	P	A	K	V	H	N	B
H	M	S	V	V	F	F	I	F	I	U	R	H	A	N	Q
B	E	C	W	Q	T	U	U	L	I	D	R	Y	O	F	I

GARLIC
AROMATIC
BASIL
BENEFICIAL
CULINARY
TARRAGON
FENNEL
FLOWER
INGREDIENT
GARDEN
LAVENDER
MARJORAM
MINT
PARSLEY
QUALITY
ROSEMARY
SAFFRON
FLAVOR
THYME
GREEN

8 - Photographie

I	Z	D	D	R	V	L	T	N	T	V	V	T	W	S	T
O	G	I	A	N	O	I	T	I	B	I	H	X	E	H	E
D	T	N	O	I	T	I	S	O	P	M	O	C	U	A	X
R	S	S	O	F	T	E	N	U	C	O	L	O	R	D	T
D	S	Q	G	C	L	N	K	C	A	L	B	U	Z	O	U
E	E	L	I	G	H	T	I	N	G	L	I	W	S	W	R
S	N	F	T	C	E	J	B	U	S	T	M	H	N	S	E
L	K	Q	I	C	O	N	T	R	A	S	T	W	C	G	X
X	R	B	A	N	O	B	J	E	C	T	H	R	B	D	W
G	A	R	R	C	I	P	T	M	S	A	F	R	A	M	E
S	D	K	T	K	A	T	S	M	X	M	L	Y	O	W	I
K	E	X	R	X	V	M	I	V	P	R	F	Y	M	M	V
T	J	E	O	M	K	D	E	O	S	O	G	R	I	J	D
A	S	L	P	E	R	S	T	R	N	F	W	R	Y	D	F
F	X	P	Z	H	N	W	Q	A	A	V	J	Y	L	D	I
P	E	R	S	P	E	C	T	I	V	E	Q	R	Q	A	P

SOFTEN
FRAME
CAMERA
COMPOSITION
CONTRAST
COLOR
DEFINITION
EXHIBITION
LIGHTING
FORMAT

BLACK
OBJECT
DARKNESS
SHADOWS
PERSPECTIVE
PORTRAIT
SUBJECT
TEXTURE
VISUAL
VIEW

9 - Camping

H	A	M	M	O	C	K	D	F	T	E	N	T	A	C	J
U	F	J	V	C	S	T	R	T	O	Z	T	R	A	A	T
R	Y	J	S	D	L	E	N	P	X	R	N	O	Y	N	A
D	H	A	W	F	K	H	P	Q	R	I	E	E	K	O	D
E	B	Z	G	L	F	U	R	O	P	E	M	S	K	E	V
K	C	B	V	O	T	C	E	S	N	I	P	O	T	B	E
A	V	V	T	Z	N	O	B	I	M	W	I	N	O	G	N
L	N	I	B	A	C	M	S	M	O	G	U	A	T	N	T
C	R	I	X	G	S	P	A	M	U	K	Q	T	K	I	U
J	E	I	M	Q	W	A	N	K	N	X	E	U	R	T	R
Q	T	A	H	A	V	S	V	B	T	N	R	R	Q	N	E
D	N	E	V	N	L	S	D	K	A	Q	A	E	B	U	O
M	A	K	B	O	I	S	T	O	I	W	H	V	Q	H	C
U	L	C	Z	K	L	S	N	B	N	O	R	Y	Y	X	G
U	U	V	F	I	R	E	A	E	B	F	F	W	J	L	J
V	K	X	S	V	L	J	Y	I	Y	G	S	A	P	X	A

ANIMALS
ADVENTURE
COMPASS
CABIN
CANOE
MAP
HAT
HUNTING
ROPE
EQUIPMENT
FIRE
FOREST
HAMMOCK
INSECT
LAKE
LANTERN
MOON
MOUNTAIN
NATURE
TENT

10 - Écologie

D	R	O	U	G	H	T	N	I	K	Y	P	F	M	H	C
G	J	T	A	F	O	U	Q	A	K	P	N	L	A	A	G
F	X	P	G	C	X	C	B	C	T	C	G	O	R	B	B
K	A	B	M	C	N	R	Q	E	V	U	S	R	I	I	L
U	J	U	J	Z	T	X	V	I	G	U	R	A	N	T	C
D	T	F	N	S	M	L	P	O	S	L	A	A	E	A	L
S	J	H	Y	A	Z	W	B	Q	T	H	N	M	L	T	I
E	R	U	T	A	N	O	I	T	A	T	E	G	E	V	M
C	F	I	I	C	O	M	M	U	N	I	T	I	E	S	A
R	Y	B	S	N	I	A	T	N	U	O	M	H	X	T	T
U	C	T	R	V	O	L	U	N	T	E	E	R	S	N	E
O	P	Z	E	L	B	A	N	I	A	T	S	U	S	A	M
S	U	R	V	I	V	A	L	X	A	J	L	F	U	L	U
E	Z	Q	I	F	R	S	Q	Y	S	E	I	C	E	P	S
R	Q	L	D	U	B	A	A	E	B	D	L	Y	E	C	Q
O	M	A	R	S	H	X	V	N	A	R	A	I	D	U	J

VOLUNTEERS
CLIMATE
COMMUNITIES
DIVERSITY
SUSTAINABLE
SPECIES
FAUNA
FLORA
HABITAT
MARSH
MARINE
MOUNTAINS
NATURE
NATURAL
PLANTS
RESOURCES
DROUGHT
SURVIVAL
VARIETY
VEGETATION

11 - Géométrie

S	H	D	C	H	L	S	Y	N	F	X	S	A	D	I	P
P	O	M	I	O	O	K	W	U	H	W	K	C	F	P	A
P	J	V	G	M	E	Z	I	M	J	E	V	R	U	C	R
D	O	C	O	W	E	B	J	B	A	L	I	X	R	E	A
E	Q	Q	L	B	Q	N	F	E	H	G	C	G	G	D	L
C	Q	K	J	C	L	A	S	R	C	N	A	U	H	E	L
A	A	U	O	F	T	I	S	I	V	A	L	D	P	T	E
F	P	R	A	A	A	D	A	R	O	K	C	C	R	V	L
R	K	O	O	T	W	E	M	H	U	N	U	T	O	E	N
U	T	C	M	F	I	M	W	B	I	K	L	R	P	R	G
S	I	I	V	S	Q	O	K	U	B	W	A	I	O	T	C
C	Y	R	O	E	H	T	N	L	L	S	T	A	R	I	U
O	Q	C	S	Y	M	M	E	T	R	Y	I	N	T	C	D
K	C	L	S	E	G	M	E	N	T	C	O	G	I	A	S
W	R	E	T	E	M	A	I	D	K	M	N	L	O	L	K
L	V	Y	K	W	B	N	S	R	W	S	V	E	N	B	A

ANGLE
CALCULATION
CIRCLE
CURVE
DIAMETER
DIMENSION
EQUATION
HEIGHT
LOGIC
MASS
MEDIAN
NUMBER
PARALLEL
PROPORTION
SEGMENT
SURFACE
SYMMETRY
THEORY
TRIANGLE
VERTICAL

12 - Philanthropie

K	A	R	T	W	N	D	U	P	C	Q	H	T	U	O	Y
A	N	F	C	H	N	V	N	R	O	K	O	P	K	D	P
L	Q	N	N	G	A	L	O	O	M	U	N	E	E	W	K
M	H	X	D	S	Z	V	I	G	M	F	E	O	S	N	S
C	O	N	T	A	C	T	S	R	U	U	S	P	H	E	I
H	M	H	G	O	V	E	S	A	N	N	T	L	U	C	M
G	C	K	A	E	T	G	I	M	I	D	Y	E	M	G	P
H	U	H	O	N	N	G	M	S	T	S	R	N	A	W	H
A	P	W	A	E	J	E	O	D	Y	R	O	E	N	B	F
V	R	B	L	R	T	D	R	A	V	Q	T	E	I	F	W
P	F	U	S	D	I	Q	I	O	L	H	S	D	T	C	P
B	F	T	Q	L	N	T	L	K	S	S	I	S	Y	I	U
B	V	U	N	I	M	W	Y	N	Q	I	H	K	I	P	B
J	U	U	V	H	G	L	O	B	A	L	T	E	J	N	L
O	Z	F	V	C	F	I	N	A	N	C	E	Y	D	B	I
G	R	O	U	P	S	E	G	N	E	L	L	A	H	C	C

NEED
GOALS
CHARITY
COMMUNITY
CONTACTS
CHALLENGES
CHILDREN
FINANCE
FUNDS
PEOPLE
GENEROSITY
GLOBAL
GROUPS
HISTORY
HONESTY
HUMANITY
YOUTH
MISSION
PROGRAMS
PUBLIC

13 - Diplomatie

U	T	C	F	A	S	E	C	U	R	I	T	Y	C	I	O
Q	R	K	M	O	M	C	C	I	J	E	T	H	I	C	S
Z	E	Q	O	T	R	B	K	N	E	I	K	P	S	G	N
G	A	Q	D	N	E	E	A	E	F	M	E	K	H	D	E
P	T	P	I	I	N	O	I	S	S	U	C	S	I	D	Z
J	Y	X	R	U	K	T	M	G	S	T	C	C	V	X	I
I	U	A	D	V	I	S	E	R	N	A	W	N	O	F	T
N	I	S	J	V	D	C	C	Q	G	I	D	G	P	Z	I
T	S	Y	T	I	N	U	M	M	O	C	G	O	O	Y	C
E	O	S	V	I	P	O	L	I	T	I	C	S	R	F	C
G	L	S	W	D	C	D	I	P	L	O	M	A	T	I	C
R	U	A	S	U	W	E	C	O	N	F	L	I	C	T	I
I	T	B	Z	G	O	V	E	R	N	M	E	N	T	M	K
T	I	M	H	U	M	A	N	I	T	A	R	I	A	N	C
Y	O	E	L	N	W	R	E	S	O	L	U	T	I	O	N
O	N	O	I	T	A	R	E	P	O	O	C	Z	D	M	V

EMBASSY
AMBASSADOR
CITIZENS
COMMUNITY
CONFLICT
ADVISER
COOPERATION
DIPLOMATIC
DISCUSSION
ETHICS
FOREIGN
GOVERNMENT
HUMANITARIAN
INTEGRITY
JUSTICE
POLITICS
RESOLUTION
SECURITY
SOLUTION
TREATY

14 - Électricité

T	E	K	C	O	S	I	L	T	L	Q	C	E	M	R	G
E	E	L	Y	J	K	M	A	J	W	A	A	U	A	S	E
Q	V	L	E	W	W	F	S	P	Q	J	B	F	G	T	N
U	I	E	E	C	R	C	E	Y	O	K	L	F	N	O	E
I	T	L	U	P	T	K	R	Y	A	S	E	O	E	R	R
P	A	E	R	A	H	R	T	S	C	I	I	Y	T	A	A
M	G	C	G	E	C	O	I	T	A	J	M	T	S	G	T
E	E	T	J	P	Q	W	N	C	Y	H	O	I	I	E	O
N	N	R	S	P	U	T	S	E	R	I	W	T	X	V	R
T	X	I	M	C	T	E	Y	J	E	J	W	N	Z	B	E
I	D	C	K	U	T	N	M	B	T	D	P	A	U	T	H
P	F	I	Z	K	Y	O	M	O	T	G	P	U	P	G	U
I	M	A	L	A	M	P	X	K	A	E	Q	Q	H	G	I
S	W	N	F	Z	W	O	T	T	B	L	U	B	R	N	N
S	A	Z	T	E	L	E	V	I	S	I	O	N	U	D	W
W	T	K	L	T	X	V	W	I	C	H	I	M	V	E	U

MAGNET
BULB
BATTERY
CABLE
ELECTRICIAN
ELECTRIC
EQUIPMENT
WIRES
GENERATOR
LAMP
LASER
NEGATIVE
OBJECTS
POSITIVE
SOCKET
QUANTITY
NETWORK
STORAGE
TELEPHONE
TELEVISION

15 - Astronomie

P	J	A	C	Z	Y	M	U	X	J	C	R	U	B	S	U
J	L	N	E	B	U	L	A	F	N	O	O	M	H	Q	N
T	U	A	N	O	R	T	S	A	E	S	C	G	S	D	I
J	M	V	N	Y	X	A	L	A	G	M	K	D	K	H	V
H	H	O	T	E	H	D	D	W	R	O	E	T	E	M	E
E	V	N	V	W	T	M	U	I	W	S	T	S	O	B	R
W	E	R	U	Q	R	K	W	Z	A	O	B	D	D	B	S
N	W	E	D	R	A	K	T	U	B	T	P	U	N	Q	E
R	H	P	I	N	E	M	R	X	O	N	I	U	Q	E	B
J	A	U	O	H	S	L	R	U	Q	H	H	O	A	Q	W
P	B	S	R	J	P	I	Q	C	U	H	B	G	N	E	R
S	N	T	E	L	I	B	V	O	Z	S	W	J	I	P	W
N	O	I	T	A	L	L	E	T	S	N	O	C	S	K	Y
H	L	L	S	E	C	I	M	X	U	S	H	B	T	Q	Q
W	C	H	A	R	E	M	O	N	O	R	T	S	A	S	J
N	J	V	Y	R	O	T	A	V	R	E	S	B	O	Q	F

ASTEROID
ASTRONAUT
ASTRONOMER
SKY
CONSTELLATION
COSMOS
ECLIPSE
EQUINOX
ROCKET
GALAXY
MOON
METEOR
NEBULA
OBSERVATORY
PLANET
RADIATION
SOLAR
SUPERNOVA
EARTH
UNIVERSE

16 - Physique

P	K	V	E	L	U	C	E	L	O	M	F	A	K	E	R
A	I	R	H	L	E	A	K	F	J	V	R	V	W	I	B
R	K	B	K	A	E	N	T	P	R	A	E	L	C	U	N
T	X	N	U	S	F	C	G	B	T	Z	Q	D	I	J	M
I	J	O	Q	R	G	O	T	I	G	N	U	T	S	Q	A
C	G	I	T	E	A	L	R	R	N	D	E	E	P	S	G
L	Q	T	O	V	S	S	N	M	O	E	N	O	Y	R	N
E	L	A	C	I	M	E	H	C	U	N	C	R	Q	U	E
H	T	R	B	N	M	A	S	S	D	L	Y	E	R	Y	T
X	Q	E	F	U	Y	T	I	V	I	T	A	L	E	R	I
S	Y	L	G	R	A	V	I	T	Y	C	H	A	O	S	S
X	A	E	A	T	O	M	K	U	N	I	K	M	S	P	M
R	S	C	I	N	A	H	C	E	M	H	N	I	T	R	V
V	C	C	U	F	K	I	D	F	U	K	I	W	L	P	X
R	N	A	D	E	N	S	I	T	Y	X	S	E	T	J	W
V	T	G	B	C	L	I	W	H	L	U	I	G	Y	V	B

ACCELERATION
ATOM
CHAOS
CHEMICAL
DENSITY
ELECTRON
FORMULA
FREQUENCY
GAS
GRAVITY
MAGNETISM
MASS
MECHANICS
MOLECULE
ENGINE
NUCLEAR
PARTICLE
RELATIVITY
UNIVERSAL
SPEED

17 - Types de Cheveux

F	W	R	K	W	O	K	B	D	J	K	W	R	O	W	I
M	K	E	Y	V	N	Y	A	M	S	E	X	Z	N	Z	B
D	V	S	H	O	R	T	L	S	M	Q	V	Z	G	O	L
W	Y	F	Q	I	Z	V	D	V	C	Q	K	Z	C	M	A
W	H	I	T	E	P	D	J	W	S	C	H	L	S	B	C
Z	T	F	T	T	V	M	N	C	B	C	R	S	I	V	K
W	L	H	C	H	N	Q	M	U	D	X	G	D	E	E	C
P	A	M	A	S	I	K	V	V	H	M	X	Z	N	P	O
J	E	V	O	O	F	C	D	C	V	O	T	Y	J	B	L
P	H	H	Y	F	L	I	K	X	P	P	Y	E	C	D	O
Z	W	I	D	T	F	X	K	G	P	O	W	F	W	Z	R
T	H	I	N	S	H	I	N	Y	A	R	G	N	O	L	E
N	E	J	O	W	T	C	U	R	L	S	H	G	F	M	D
D	K	K	L	P	O	L	N	D	B	R	A	I	D	E	D
C	Z	Z	B	G	Y	R	E	V	L	I	S	K	S	B	W
N	N	B	F	U	U	U	B	T	W	C	U	R	L	Y	Z

SILVER
WHITE
BLOND
CURLS
SHINY
BALD
COLORED
SHORT
SOFT
THICK
CURLY
GRAY
LONG
BROWN
THIN
BLACK
WAVY
HEALTHY
DRY
BRAIDED

18 - Archéologie

Y	Z	K	U	O	P	D	J	I	B	P	M	G	M	P	J
E	X	P	E	R	T	R	E	L	P	M	E	T	Y	O	Q
T	O	M	B	R	K	Z	O	S	E	N	O	B	S	T	X
A	N	A	L	Y	S	I	S	F	C	P	E	Q	T	T	Y
R	K	D	C	N	I	G	C	D	E	E	B	J	E	E	T
E	E	Q	M	O	D	D	V	I	N	S	N	C	R	R	I
P	U	S	A	I	F	O	S	S	I	L	S	D	Y	Y	U
H	F	S	E	T	F	F	P	S	C	B	F	O	A	Q	Q
N	O	I	T	A	Z	I	L	I	V	I	C	A	R	N	I
O	R	D	W	U	R	K	C	I	H	V	B	S	W	T	T
B	E	A	B	L	F	C	F	O	R	G	O	T	T	E	N
J	L	Z	U	A	C	V	H	P	B	T	V	U	S	M	A
E	I	P	Z	V	M	Z	C	E	E	Z	C	J	I	H	S
C	C	N	A	E	V	G	Y	G	R	Z	Y	C	M	J	V
T	Y	U	N	K	N	O	W	N	A	N	O	F	V	J	A
S	R	D	X	U	R	I	E	H	K	H	I	X	O	X	H

ANALYSIS
ANTIQUITY
RESEARCHER
CIVILIZATION
DESCENDANT
EXPERT
ERA
TEAM
EVALUATION
FOSSIL
UNKNOWN
MYSTERY
OBJECTS
BONES
FORGOTTEN
POTTERY
PROFESSOR
RELIC
TEMPLE
TOMB

19 - Mammifères

D	X	F	G	H	E	D	O	G	L	A	B	I	W	W	M
O	G	X	O	F	O	L	L	U	B	I	Y	J	O	H	R
L	F	B	R	P	Y	R	E	G	I	T	O	B	L	A	V
P	K	W	I	Q	O	O	S	P	Y	Z	L	N	F	L	R
H	Z	W	L	Z	Q	F	R	E	H	F	C	Z	Y	E	J
I	K	J	L	P	K	Y	M	U	X	A	S	H	E	E	P
N	P	C	A	W	V	C	L	J	X	M	N	M	J	O	U
R	A	B	B	I	T	D	E	Y	S	F	M	T	X	I	A
J	Q	G	I	R	A	F	F	E	D	J	B	A	T	C	K
I	G	D	G	M	L	F	W	K	E	O	D	C	X	O	H
G	B	D	Z	T	B	K	A	N	G	A	R	O	O	Y	F
Q	L	P	W	E	P	G	Z	O	P	T	B	F	R	O	A
X	L	E	Q	N	G	B	E	M	N	Q	I	I	M	T	Q
A	K	G	H	C	V	E	B	D	A	M	G	W	W	E	U
N	J	U	R	G	Q	A	R	K	M	G	I	B	R	F	N
H	D	U	V	B	A	R	A	Z	A	I	A	U	R	Y	E

WHALE
CAT
HORSE
DOG
COYOTE
DOLPHIN
ELEPHANT
GIRAFFE
GORILLA
KANGAROO
RABBIT
LION
WOLF
SHEEP
BEAR
FOX
MONKEY
BULL
TIGER
ZEBRA

20 - Chocolat

M	A	A	X	I	B	S	U	H	X	F	F	C	P	O	E
E	N	R	Y	N	X	M	B	Y	H	L	T	A	S	T	E
P	T	O	T	G	P	F	X	D	M	A	M	K	R	Q	Q
E	I	M	I	R	N	M	D	N	P	V	I	O	R	N	W
A	O	A	L	E	M	A	R	A	C	O	A	C	A	C	Q
N	X	X	A	D	E	P	I	C	E	R	A	G	U	S	C
U	I	L	U	I	P	X	D	E	L	I	C	I	O	U	S
T	D	N	Q	E	D	O	O	M	G	L	Q	G	I	M	Q
S	A	O	O	N	M	V	W	T	B	G	J	O	E	L	Z
T	N	B	J	T	R	M	K	D	I	J	J	X	V	D	P
G	T	I	C	U	E	C	W	A	E	C	R	E	B	K	D
Q	V	T	G	N	N	E	E	T	I	R	O	V	A	F	P
K	Z	T	J	O	W	F	W	N	Q	Y	B	V	G	Q	J
Q	G	E	D	C	W	I	N	S	E	I	R	O	L	A	C
M	L	R	N	O	S	N	W	R	W	J	C	K	C	X	O
H	M	E	X	C	U	Z	B	P	H	E	B	G	I	R	S

BITTER
ANTIOXIDANT
AROMA
CANDY
PEANUTS
CACAO
CALORIES
CARAMEL
DELICIOUS
SWEET
EXOTIC
FAVORITE
TASTE
INGREDIENT
COCONUT
POWDER
QUALITY
RECIPE
FLAVOR
SUGAR

21 - Mathématiques

D	J	I	P	W	S	B	E	M	Z	P	V	X	F	P	A
E	H	T	G	K	Y	Q	Z	M	S	M	O	H	R	A	R
C	J	P	E	X	A	W	U	H	B	J	L	M	A	R	I
I	H	P	Q	L	Q	K	A	A	N	V	U	Z	C	A	T
M	E	X	P	O	N	E	N	T	R	V	M	L	T	L	H
A	S	Y	M	M	E	T	R	Y	S	E	E	O	I	L	M
L	P	R	E	C	T	A	N	G	L	E	Y	G	O	E	E
C	I	R	C	U	M	F	E	R	E	N	C	E	N	L	T
P	A	R	A	L	L	E	L	V	D	H	N	Y	V	O	I
P	E	R	P	E	N	D	I	C	U	L	A	R	O	G	C
X	P	O	L	Y	G	O	N	H	L	S	B	T	E	R	U
T	S	Y	T	R	I	A	N	G	L	E	J	E	A	A	F
O	E	Q	U	A	T	I	O	N	Y	L	O	M	N	M	A
Z	R	M	S	D	E	P	L	Z	Q	G	X	O	T	R	N
B	O	E	N	U	T	M	X	C	Z	N	P	E	K	P	S
K	R	E	T	E	M	A	I	D	C	A	L	G	G	A	L

ANGLES
ARITHMETIC
SQUARE
CIRCUMFERENCE
DECIMAL
DIAMETER
EXPONENT
EQUATION
FRACTION
GEOMETRY
PARALLEL
PARALLELOGRAM
PERPENDICULAR
POLYGON
RECTANGLE
SUM
SYMMETRY
TRIANGLE
VOLUME

22 - Sport

S	B	H	A	M	I	W	S	O	T	P	Z	N	D	N	N
T	G	J	E	N	A	H	J	O	S	W	Q	K	F	D	E
R	Z	C	X	E	W	X	B	O	D	Y	N	G	U	J	N
E	H	S	G	V	Y	C	I	J	O	G	G	I	N	G	D
N	C	E	L	A	Q	I	Y	M	M	S	M	U	A	P	U
G	A	L	A	O	G	I	A	C	I	W	U	A	B	S	R
T	O	C	M	L	N	M	K	Y	L	Z	S	K	I	P	A
H	C	S	E	J	T	S	N	U	F	I	E	R	L	O	N
W	M	U	T	I	J	H	P	X	N	L	N	A	I	R	C
Y	Z	M	A	R	G	O	R	P	I	R	O	G	T	T	E
C	P	H	B	Z	E	F	I	V	C	W	B	J	Y	S	Q
D	Y	N	O	I	T	I	R	T	U	N	G	R	V	B	W
I	I	O	L	R	F	D	K	U	J	P	X	N	H	X	G
E	L	T	I	I	H	B	T	Y	R	G	K	P	F	I	E
T	I	A	C	A	T	H	L	E	T	E	L	P	W	X	F
D	A	N	C	I	N	G	R	J	G	Z	K	R	E	R	D

ATHLETE
ABILITY
BODY
CYCLING
DANCING
DIET
ENDURANCE
COACH
STRENGTH
JOGGING
MAXIMIZE
METABOLIC
MUSCLES
TO SWIM
NUTRITION
GOAL
BONES
PROGRAM
HEALTH
SPORTS

23 - Mythologie

L	G	M	Q	W	G	Q	M	H	M	C	L	O	U	A	G
A	A	S	E	U	C	K	O	L	A	U	E	W	R	U	I
T	S	B	P	B	S	S	N	E	G	L	G	V	E	L	F
R	T	B	Y	X	F	F	S	Z	I	T	E	E	T	T	G
O	R	X	T	R	E	X	T	W	C	U	N	G	S	Y	I
M	E	H	E	E	I	N	E	Y	A	R	D	N	A	S	T
M	N	E	H	D	L	N	R	K	L	E	P	E	S	U	E
H	G	R	C	N	E	B	T	B	E	H	A	V	I	O	R
S	T	O	R	U	B	S	B	H	P	W	Q	E	D	L	U
O	H	I	A	H	K	W	B	S	K	Y	W	R	X	A	T
O	L	L	Y	T	I	L	A	T	R	O	M	M	I	E	A
A	I	G	G	J	F	J	E	R	Q	Z	G	C	U	J	E
X	N	Q	K	E	X	G	V	U	R	H	R	R	K	S	R
N	F	M	Q	B	C	A	M	N	O	I	T	A	E	R	C
M	D	H	T	K	D	U	A	I	D	B	O	T	V	Q	X
Y	N	M	L	I	G	H	T	N	I	N	G	R	U	D	I

ARCHETYPE
DISASTER
BEHAVIOR
CREATION
CREATURE
BELIEFS
CULTURE
LIGHTNING
STRENGTH
WARRIOR
HERO
IMMORTALITY
JEALOUSY
LABYRINTH
LEGEND
MAGICAL
MONSTER
MORTAL
THUNDER
REVENGE

24 - Restaurant #2

T	S	U	O	I	C	I	L	E	D	B	C	S	I	E	Q
Q	Z	P	N	O	O	D	L	E	S	E	A	A	J	Q	T
L	T	E	I	F	O	R	K	C	X	V	K	L	J	X	B
T	A	C	G	C	G	V	T	T	P	E	E	A	A	N	R
A	H	I	T	G	E	H	E	A	L	R	W	D	B	V	L
A	N	O	O	P	S	S	E	L	B	A	T	E	G	E	V
J	B	G	H	U	C	I	F	G	Z	G	S	F	A	M	F
H	S	P	I	O	E	F	Y	J	L	E	D	I	M	U	W
O	P	U	S	S	N	B	X	I	Z	M	A	U	C	S	Z
W	A	T	E	R	U	V	C	N	N	S	A	E	Y	U	U
V	F	J	T	E	H	X	V	Z	O	O	D	P	C	W	E
F	X	U	D	T	L	U	N	C	H	P	C	H	A	I	R
R	E	N	N	I	D	L	U	B	A	X	J	Z	R	T	M
U	O	X	K	A	Y	D	Y	U	I	P	U	Y	O	T	O
I	U	O	E	W	J	P	Y	F	B	L	H	Y	J	X	V
T	Y	L	W	Y	L	T	A	X	S	B	M	K	I	T	I

BEVERAGE
CHAIR
SPOON
LUNCH
DELICIOUS
DINNER
WATER
SPICES
FORK
FRUIT
CAKE
ICE
VEGETABLES
NOODLES
EGGS
FISH
SALAD
SALT
WAITER
SOUP

25 - Beauté

Q	R	D	N	X	L	L	N	R	K	E	H	W	F	A	X
L	T	T	H	U	S	C	I	T	E	M	S	O	C	I	J
F	L	T	R	G	X	C	K	P	L	K	U	O	F	N	H
D	B	H	W	M	O	L	S	F	S	P	J	U	O	D	H
W	O	E	L	E	G	A	N	C	E	T	C	U	R	L	S
H	K	W	H	B	V	T	L	A	U	U	I	E	P	S	E
M	A	S	C	A	R	A	J	F	J	X	F	C	V	T	C
M	O	H	G	Z	C	R	P	A	M	F	T	S	K	Y	I
I	O	T	K	W	E	C	N	A	R	G	A	R	F	L	V
R	Y	O	N	S	A	F	T	N	A	G	E	L	E	I	R
R	Q	O	P	D	P	Z	S	W	H	Y	U	C	H	S	E
O	T	M	S	M	R	O	L	O	C	R	P	C	A	T	S
R	U	S	M	Z	A	R	I	S	C	I	S	S	O	R	S
F	P	U	B	H	P	H	O	T	O	G	E	N	I	C	G
B	O	J	J	R	P	Z	S	M	A	K	E	U	P	L	X
L	Z	J	R	W	R	F	S	R	R	Y	H	T	Q	R	R

CURLS
CHARM
SCISSORS
COSMETICS
COLOR
ELEGANCE
ELEGANT
GRACE
OILS
SMOOTH
MAKEUP
MASCARA
MIRROR
FRAGRANCE
SKIN
PHOTOGENIC
LIPSTICK
SERVICES
SHAMPOO
STYLIST

26 - Avions

A	T	E	Y	G	Z	H	O	P	V	Q	I	D	R	T	G
D	U	N	M	N	O	I	T	C	U	R	T	S	N	O	C
V	R	G	X	I	S	S	F	A	N	O	C	O	X	K	I
E	B	I	E	D	U	T	I	T	L	A	P	R	Q	C	T
N	U	N	E	N	C	O	S	N	P	F	H	I	E	I	A
T	L	E	T	A	B	R	J	Q	U	R	D	H	L	W	I
U	E	F	U	L	U	Y	N	U	B	Z	N	D	K	O	R
R	N	M	F	A	T	M	O	S	P	H	E	R	E	P	T
E	C	S	U	S	A	E	I	H	E	I	G	H	T	A	N
A	E	Q	E	C	K	E	T	B	Q	T	O	P	D	S	E
Z	B	Y	L	M	F	Y	C	A	L	C	R	O	F	S	C
I	N	F	L	A	T	E	E	L	R	D	D	E	N	E	S
H	P	L	R	K	O	R	R	L	X	Q	Y	Q	T	N	E
V	V	B	K	Q	Q	A	I	O	N	Y	H	A	W	G	D
X	L	I	R	H	V	X	D	O	P	G	M	J	M	E	C
C	W	J	N	I	X	R	E	N	S	O	Q	A	I	R	U

AIR
ALTITUDE
ATMOSPHERE
LANDING
ADVENTURE
BALLOON
FUEL
SKY
CONSTRUCTION
DESCENT
DIRECTION
CREW
INFLATE
HEIGHT
HISTORY
HYDROGEN
ENGINE
PASSENGER
PILOT
TURBULENCE

27 - Aventure

U	P	Y	P	T	R	A	V	E	L	S	Y	A	E	A	F
S	U	R	P	R	I	S	I	N	G	H	J	C	X	R	O
C	Y	A	Q	J	N	I	V	N	O	C	W	T	C	N	L
G	X	P	Z	J	D	A	T	R	N	E	K	I	U	A	E
R	R	L	P	Z	G	U	V	I	P	J	J	V	R	T	D
I	N	P	S	V	C	T	M	I	N	H	O	I	S	U	B
W	Y	R	E	V	A	R	B	P	G	E	Y	T	I	R	D
E	N	T	H	U	S	I	A	S	M	A	R	Y	O	E	A
N	T	Y	U	R	Q	J	N	E	R	V	T	A	N	N	N
A	V	I	L	A	U	S	U	N	U	T	Z	I	R	X	G
L	H	Z	T	M	E	C	N	A	H	C	Q	D	O	Y	E
T	R	J	P	C	K	B	F	Q	S	I	K	H	D	N	R
P	R	E	P	A	R	A	T	I	O	N	C	F	J	A	O
D	E	S	T	I	N	A	T	I	O	N	H	X	C	I	U
D	I	F	F	I	C	U	L	T	Y	T	E	F	A	S	S
B	F	Y	O	P	P	O	R	T	U	N	I	T	Y	J	H

ACTIVITY
BEAUTY
BRAVERY
CHANCE
DANGEROUS
DESTINATION
DIFFICULTY
ENTHUSIASM
EXCURSION
UNUSUAL
ITINERARY
JOY
NATURE
NAVIGATION
NEW
OPPORTUNITY
PREPARATION
SAFETY
SURPRISING
TRAVELS

28 - Ingénierie

M	N	O	I	T	A	L	U	C	L	A	C	M	I	N	W
M	O	H	L	P	I	L	I	Q	U	I	D	P	Y	L	Y
O	I	T	N	E	M	E	R	U	S	A	E	M	I	P	L
N	T	G	O	N	O	R	V	A	W	N	A	W	O	V	A
S	C	N	V	R	D	I	A	G	R	A	M	X	U	F	N
T	U	E	N	E	R	G	Y	G	J	S	R	S	I	Y	O
A	R	R	D	I	A	M	E	T	E	R	D	Q	F	S	I
B	T	T	M	F	B	U	L	D	I	E	S	E	L	K	S
I	S	S	R	A	E	G	G	R	U	W	S	M	N	P	L
L	N	W	K	Z	C	V	N	M	L	A	J	Y	D	M	U
I	O	N	H	V	U	H	A	N	U	R	T	Q	U	M	P
T	C	K	L	X	B	T	I	Y	L	E	S	Y	K	C	O
Y	I	W	O	A	M	P	N	N	O	I	T	A	T	O	R
Z	K	V	Y	E	O	E	D	E	E	V	S	T	A	B	P
S	X	U	S	A	X	D	S	T	R	U	C	T	U	R	E
B	K	Q	D	I	S	T	R	I	B	U	T	I	O	N	D

ANGLE
AXIS
CALCULATION
CONSTRUCTION
DIAGRAM
DIAMETER
DIESEL
DISTRIBUTION
GEARS
ENERGY
STRENGTH
LIQUID
MACHINE
MEASUREMENT
MOTOR
DEPTH
PROPULSION
ROTATION
STABILITY
STRUCTURE

29 - Énergie

U	J	E	N	V	I	R	O	N	M	E	N	T	D	V	B
N	U	C	L	E	A	R	T	S	Q	G	R	D	I	Y	A
P	U	A	E	N	G	W	H	U	Z	V	L	N	E	H	T
U	U	V	U	Q	A	O	F	U	R	T	M	Z	S	E	T
V	Y	V	F	Y	Z	H	R	G	P	B	E	J	E	A	E
Y	V	S	S	P	P	T	V	D	M	G	I	P	L	T	R
J	L	K	K	O	O	Z	D	R	Y	R	V	N	X	E	Y
I	G	V	V	R	I	O	E	E	V	H	T	O	E	W	V
E	L	E	C	T	R	I	C	N	P	H	O	T	O	N	Z
M	H	G	G	N	E	M	S	I	O	S	V	M	X	T	A
O	R	E	N	E	W	A	B	L	E	X	A	O	K	X	L
T	Y	L	O	G	H	M	N	O	I	T	U	L	L	O	P
O	Z	R	B	S	Y	R	T	S	U	D	N	I	M	G	U
R	S	W	R	G	U	V	N	A	L	W	I	N	D	K	O
A	N	K	A	Y	H	N	N	G	Q	O	K	B	X	E	M
E	L	E	C	T	R	O	N	Q	X	G	S	X	S	V	Z

BATTERY
CARBON
FUEL
HEAT
DIESEL
ENTROPY
ENVIRONMENT
GASOLINE
ELECTRIC
ELECTRON
HYDROGEN
INDUSTRY
MOTOR
NUCLEAR
PHOTON
POLLUTION
RENEWABLE
SUN
TURBINE
WIND

30 - Cuisine

K	U	T	S	K	R	O	F	E	T	X	A	X	S	X	J
N	Q	C	P	X	E	F	X	B	M	N	R	D	P	A	A
I	E	I	I	V	I	T	N	D	V	A	L	W	O	B	R
V	B	Q	C	M	O	X	T	U	H	P	J	G	N	O	L
E	P	G	E	I	B	H	B	L	T	K	V	M	G	L	F
S	H	Z	S	G	R	I	L	L	E	I	S	F	E	J	O
P	I	E	F	U	V	J	T	P	L	N	O	P	K	K	A
U	E	Y	X	J	S	P	O	O	N	S	E	C	I	G	E
C	H	O	P	S	T	I	C	K	S	F	Q	V	W	S	E
L	N	W	T	Z	C	P	W	N	O	R	P	A	O	B	K
P	F	C	H	K	T	Q	W	A	B	E	P	I	C	E	R
F	Q	V	G	Q	I	V	R	C	Q	E	C	L	F	V	T
G	N	S	K	Q	A	X	C	P	Y	Z	V	T	N	U	I
B	A	U	O	S	N	H	T	K	V	E	G	G	M	C	B
L	A	D	L	E	C	J	G	Y	W	R	U	M	Y	O	O
R	E	F	R	I	G	E	R	A	T	O	R	I	P	R	E

CHOPSTICKS
BOWL
KETTLE
FREEZER
KNIVES
JUG
SPOONS
SPICES
SPONGE
OVEN
FORKS
GRILL
LADLE
FOOD
JAR
RECIPE
REFRIGERATOR
NAPKIN
APRON
CUPS

31 - Corps Humain

M	X	S	F	F	B	O	K	N	C	Q	U	G	N	H	B
Q	M	J	P	Y	X	E	C	V	B	D	G	K	I	I	G
U	O	E	F	I	N	G	E	R	Z	H	O	R	M	U	C
H	A	N	D	E	L	K	N	A	E	W	Z	E	G	W	Y
A	Z	A	M	S	W	C	Q	U	H	D	M	A	Y	Q	C
H	C	H	I	N	H	L	E	L	B	O	W	R	J	Q	Z
Y	E	S	O	N	H	O	H	M	D	D	R	S	H	V	L
D	W	A	J	I	R	H	U	I	T	I	G	Y	I	P	P
M	C	I	D	A	B	E	O	L	G	P	V	M	Q	R	J
J	E	E	O	R	D	A	K	C	D	T	N	X	Y	B	N
R	M	L	O	B	O	R	D	F	Q	E	F	C	T	W	X
M	K	X	L	O	F	T	Y	M	B	H	R	S	V	R	O
C	X	R	B	B	A	W	B	E	O	E	F	E	G	B	K
S	K	I	N	G	C	E	W	A	T	F	D	I	G	R	N
J	V	B	A	J	E	S	L	I	K	N	I	W	R	P	E
F	Q	R	C	M	O	U	T	H	C	A	M	O	T	S	E

MOUTH
BRAIN
ANKLE
NECK
ELBOW
HEART
FINGER
STOMACH
SHOULDER
KNEE
LIPS
HAND
JAW
CHIN
NOSE
EAR
SKIN
BLOOD
HEAD
FACE

32 - Biologie

R	E	O	P	A	L	C	H	L	L	E	C	G	S	E	L
E	N	S	X	R	D	E	S	Z	A	V	S	X	Y	S	I
P	Z	M	E	I	O	V	C	N	R	O	O	I	Z	U	I
T	Y	O	A	K	D	T	R	E	U	L	A	M	M	A	M
I	M	S	R	B	S	G	E	U	T	U	W	N	V	I	S
L	E	I	X	F	L	B	F	I	A	T	Z	E	O	R	Y
E	W	S	N	Y	S	V	H	C	N	I	K	R	H	E	M
C	H	R	O	M	O	S	O	M	E	O	Q	V	O	T	B
A	E	M	B	R	Y	O	X	X	N	N	R	E	Y	C	I
S	N	O	I	T	A	T	U	M	O	W	L	U	B	A	O
Y	A	A	Z	C	U	R	S	Z	M	Y	L	L	E	B	S
N	P	Z	T	W	S	K	S	U	R	J	F	X	R	N	I
A	J	T	H	O	V	K	L	K	O	S	S	C	V	K	S
P	B	B	H	D	M	S	F	B	H	G	U	T	K	P	Y
S	Q	M	V	C	V	Y	C	O	L	L	A	G	E	N	N
E	R	H	R	E	S	P	I	R	A	T	I	O	N	E	E

ANATOMY
BACTERIA
CELL
CHROMOSOME
COLLAGEN
EMBRYO
ENZYME
EVOLUTION
HORMONE
MAMMAL
MUTATION
NATURAL
NERVE
NEURON
OSMOSIS
PROTEIN
REPTILE
RESPIRATION
SYMBIOSIS
SYNAPSE

33 - Épices

A	O	C	C	Q	A	G	W	G	Z	N	T	R	U	S	C
N	N	I	U	S	A	L	T	L	A	O	U	E	P	O	U
I	I	P	M	O	F	H	S	I	K	R	A	T	D	U	R
S	O	I	I	B	T	V	H	C	I	F	L	T	M	R	R
E	N	A	N	U	M	C	V	O	R	F	L	I	T	E	Y
P	E	P	P	E	R	O	U	R	P	A	I	B	C	G	G
Z	Z	T	G	H	E	R	A	I	A	S	N	R	D	N	E
O	D	R	F	U	E	I	Y	C	P	A	A	F	S	I	K
X	I	E	V	O	L	A	B	E	C	R	V	K	H	G	G
O	K	W	Q	O	U	N	O	M	A	N	N	I	C	E	F
D	P	M	E	N	C	D	J	J	F	J	L	X	J	A	Y
K	F	C	H	D	V	E	U	W	X	L	D	L	O	Z	T
Z	O	S	B	D	X	R	V	Z	P	J	A	I	Q	L	I
C	A	R	D	A	M	O	M	S	V	W	H	V	G	V	A
F	E	N	N	E	L	O	D	L	B	L	Q	U	O	E	Z
V	L	S	P	A	U	R	L	S	N	V	Y	R	C	R	X

SOUR
GARLIC
BITTER
ANISE
CINNAMON
CARDAMOM
CORIANDER
CUMIN
CURRY
FENNEL
GINGER
NUTMEG
ONION
PAPRIKA
PEPPER
LICORICE
SAFFRON
FLAVOR
SALT
VANILLA

34 - Agronomie

V	V	R	K	T	Y	E	F	R	E	S	E	A	R	C	H
E	Q	V	C	O	I	N	F	O	U	X	P	Z	R	A	M
G	S	D	E	E	S	V	L	M	O	W	V	U	E	E	H
E	E	T	Y	A	L	I	A	S	S	D	K	N	Z	O	E
T	S	C	U	S	K	R	G	C	E	I	S	O	I	L	E
A	A	O	Q	D	V	O	R	I	U	R	M	I	L	A	J
B	E	H	G	B	Y	N	I	E	T	V	E	S	I	R	T
L	S	M	F	R	G	M	C	N	Q	E	T	O	T	U	P
E	I	U	W	A	O	E	U	C	M	W	S	R	R	R	O
S	D	K	G	K	L	N	L	E	E	W	Y	E	E	J	L
W	A	T	E	R	O	T	T	O	N	N	S	X	F	B	L
X	F	J	N	N	C	W	U	E	P	U	E	S	C	S	U
V	D	Z	U	K	E	J	R	L	C	X	B	R	B	Y	T
C	N	I	K	C	A	P	E	E	M	O	O	M	G	M	I
P	R	O	D	U	C	T	I	O	N	S	P	A	A	Y	O
I	E	F	G	R	O	W	T	H	T	M	V	W	N	E	N

AGRICULTURE
GROWTH
WATER
FERTILIZER
ENVIRONMENT
ECOLOGY
ENERGY
EROSION
STUDY
SEEDS
VEGETABLES
DISEASES
FOOD
POLLUTION
PRODUCTION
RESEARCH
RURAL
SCIENCE
SOIL
SYSTEMS

35 - Science

E	V	G	K	Z	R	F	S	D	F	I	W	O	Y	O	E
T	T	B	K	P	E	V	S	D	J	L	C	T	C	B	V
F	B	A	K	Y	H	M	D	A	T	A	I	N	V	S	O
A	U	Y	T	R	K	Y	N	A	T	U	R	E	X	E	L
C	X	L	M	O	W	F	S	D	G	W	A	M	I	R	U
T	I	Z	J	T	M	G	S	I	A	W	Z	I	P	V	T
Z	E	I	P	A	K	R	L	E	C	F	O	R	A	A	I
O	D	Q	T	R	V	A	A	N	L	S	L	E	R	T	O
M	E	T	H	O	D	V	R	E	I	U	A	P	T	I	N
L	C	Y	V	B	W	I	E	F	S	J	C	X	I	O	X
X	L	T	A	A	H	T	N	U	S	J	I	E	C	N	O
E	I	T	I	L	K	Y	I	F	O	C	M	F	L	H	C
H	M	B	H	I	N	I	M	U	F	L	E	U	E	O	K
Z	A	O	R	G	A	N	I	S	M	W	H	H	S	I	M
R	T	S	C	I	E	N	T	I	S	T	C	C	W	L	K
F	E	B	W	M	H	H	Y	P	O	T	H	E	S	I	S

ATOM
CHEMICAL
CLIMATE
DATA
EXPERIMENT
EVOLUTION
FACT
FOSSIL
GRAVITY
HYPOTHESIS
LABORATORY
METHOD
MINERALS
MOLECULES
NATURE
OBSERVATION
ORGANISM
PARTICLES
PHYSICS
SCIENTIST

36 - Vêtements

R	W	P	Z	B	N	A	H	J	Z	O	O	F	Y	Y	O
N	K	P	J	E	A	N	S	L	A	D	N	A	S	S	X
Z	T	R	U	O	X	L	O	N	E	C	K	L	A	C	E
C	R	P	C	H	F	V	F	I	D	T	X	V	P	M	S
D	O	X	I	S	U	F	J	V	H	R	F	T	A	C	W
Q	S	A	M	A	J	A	P	S	T	S	J	R	N	A	E
T	U	B	T	E	L	E	C	A	R	B	A	G	T	P	A
X	O	P	L	O	Q	B	F	B	I	K	K	F	S	R	T
E	R	T	E	K	C	A	J	Q	K	Y	W	R	V	O	E
E	R	F	B	B	L	L	F	H	S	A	U	A	V	N	R
B	G	L	O	V	E	S	Z	F	P	Y	W	C	B	A	B
Y	L	E	Y	S	D	J	H	S	V	D	I	S	D	H	L
N	K	O	C	A	I	R	J	O	B	K	U	R	R	A	E
Y	H	Y	U	H	Z	I	Z	W	C	K	D	M	E	T	H
R	B	M	R	S	A	R	H	S	H	I	R	T	S	N	I
G	N	M	I	H	E	B	W	A	E	I	L	I	S	I	B

BRACELET
BELT
HAT
SHOE
SHIRT
BLOUSE
NECKLACE
SCARF
GLOVES
JEANS
SKIRT
COAT
FASHION
PANTS
SWEATER
PAJAMAS
DRESS
SANDALS
APRON
JACKET

37 - Méditation

T	Z	T	L	Y	P	N	X	C	C	F	J	H	A	T	N
M	T	W	D	G	S	O	D	I	A	K	A	A	C	H	R
N	E	K	A	W	A	I	X	S	U	L	M	B	Y	O	E
M	A	N	X	Q	S	T	G	U	F	U	M	I	T	Z	Z
O	A	T	T	I	M	A	N	M	U	F	X	T	I	F	B
V	C	Z	U	A	E	V	I	T	C	E	P	S	R	E	P
E	C	K	D	R	L	R	H	B	R	R	K	N	A	D	Z
M	E	H	A	C	E	E	T	U	F	U	I	O	L	U	N
E	P	R	O	C	C	S	A	U	P	T	N	I	C	T	E
N	T	Y	I	B	A	B	E	E	F	S	D	T	M	I	D
T	A	L	Q	N	E	O	R	Q	N	O	N	O	Q	T	U
S	N	E	W	D	P	W	B	D	G	P	E	M	I	A	C
G	C	A	T	T	E	N	T	I	O	N	S	E	P	R	Y
J	E	C	N	E	L	I	S	L	W	H	S	Z	H	G	B
C	O	M	P	A	S	S	I	O	N	V	O	G	A	W	D
R	G	V	A	T	O	H	Q	Z	I	A	S	M	Z	Z	X

ACCEPTANCE
ATTENTION
CALM
CLARITY
COMPASSION
EMOTIONS
AWAKE
KINDNESS
GRATITUDE
HABITS
MENTAL
MOVEMENT
MUSIC
NATURE
OBSERVATION
PEACE
PERSPECTIVE
POSTURE
BREATHING
SILENCE

38 - Littérature

A	O	U	D	N	U	A	T	Z	G	O	N	A	C	S	T
L	N	M	C	P	A	X	T	R	T	G	W	N	O	T	R
R	K	A	K	U	H	R	O	H	T	U	A	E	N	Y	A
O	H	P	L	A	Z	U	R	B	R	R	E	C	C	L	G
H	M	Y	G	Y	M	A	Q	A	A	L	F	D	L	E	E
P	Z	Y	T	M	S	L	F	Q	T	K	G	O	U	S	D
A	W	T	Y	H	C	I	O	D	F	O	A	T	S	W	Y
T	I	J	K	O	M	T	S	A	L	T	R	E	I	J	F
E	D	E	S	C	R	I	P	T	I	O	N	M	O	E	X
M	Y	M	E	I	A	N	A	L	O	G	Y	Y	N	Z	H
E	Q	E	J	T	H	Y	A	F	M	K	G	H	S	H	D
O	U	H	L	E	V	O	N	N	W	U	J	R	A	U	K
P	L	T	H	O	D	I	A	L	O	G	U	E	O	M	A
Y	Q	D	N	P	C	O	M	P	A	R	I	S	O	N	F
F	I	C	T	I	O	N	B	I	O	G	R	A	P	H	Y
Y	C	N	N	I	V	Z	M	W	N	L	J	M	A	I	V

ANALOGY
ANALYSIS
ANECDOTE
AUTHOR
BIOGRAPHY
COMPARISON
CONCLUSION
DESCRIPTION
DIALOGUE
FICTION
METAPHOR
NARRATOR
POEM
POETIC
RHYME
NOVEL
RHYTHM
STYLE
THEME
TRAGEDY

39 - Nourriture #1

Y	G	X	N	B	D	R	C	N	V	N	C	M	V	Y	C
I	T	Q	K	N	A	T	J	C	O	F	F	E	E	I	I
F	R	E	C	I	L	R	A	G	T	M	K	S	X	Y	N
S	J	C	Q	W	A	K	L	P	E	A	R	Z	M	P	N
L	O	I	O	J	S	D	M	E	Z	B	A	S	I	L	A
E	F	U	A	N	J	B	I	F	Y	D	X	I	B	G	M
M	S	J	P	S	I	D	L	V	R	I	P	V	Y	C	O
O	Q	V	J	U	Z	O	K	C	G	T	F	S	G	P	N
N	V	Q	V	G	X	M	N	Z	C	X	L	P	A	B	O
A	B	T	B	A	F	C	A	R	R	O	T	T	A	E	M
I	S	W	I	R	T	U	N	A	F	H	L	U	C	H	E
V	D	K	Z	C	Y	R	R	E	B	W	A	R	T	S	D
G	U	L	Z	B	N	C	K	O	R	M	S	N	W	G	W
Z	R	I	B	J	R	I	F	H	C	A	N	I	P	S	N
B	Z	T	U	Q	G	W	Z	D	F	G	M	P	I	H	L
J	S	Z	Q	F	O	O	Q	V	Q	O	P	N	I	J	B

GARLIC
BASIL
COFFEE
CINNAMON
CARROT
LEMON
SPINACH
STRAWBERRY
JUICE
MILK
TURNIP
ONION
BARLEY
PEAR
SALAD
SALT
SOUP
SUGAR
TUNA
MEAT

40 - Jours et Mois

I	I	A	F	J	E	M	I	C	U	F	H	L	F	W	C
E	H	B	E	A	K	O	K	G	G	C	V	B	K	E	M
T	Y	C	B	N	O	N	V	G	X	G	R	I	Q	E	O
D	N	M	R	U	H	D	T	U	E	S	D	A	Y	K	V
K	A	V	U	A	F	A	W	E	D	N	E	S	D	A	Y
M	O	X	A	R	M	Y	A	D	R	U	T	A	S	T	Z
C	O	W	R	Y	E	L	U	U	L	A	O	F	H	M	V
P	E	N	Y	T	S	U	G	U	A	G	C	T	I	C	S
G	L	Z	T	G	Q	J	Y	H	F	H	T	U	D	N	P
N	F	R	I	H	N	D	A	N	V	C	O	U	W	L	Q
W	Q	B	D	Q	V	N	D	P	G	U	B	A	J	A	V
Z	C	E	E	G	T	S	I	O	R	O	E	N	U	J	Z
N	O	V	E	M	B	E	R	G	W	I	R	A	P	V	X
E	S	U	N	D	A	Y	F	D	N	M	L	M	A	Q	M
S	E	P	T	E	M	B	E	R	A	D	N	E	L	A	C
O	Z	J	J	O	P	F	T	H	U	R	S	D	A	Y	R

AUGUST
APRIL
CALENDAR
SUNDAY
FEBRUARY
JANUARY
THURSDAY
JULY
JUNE
MONDAY
TUESDAY
MARCH
WEDNESDAY
MONTH
NOVEMBER
OCTOBER
SATURDAY
WEEK
SEPTEMBER
FRIDAY

41 - Jardinage

Y	G	Y	Y	G	W	M	I	S	W	W	B	O	B	U	A
E	F	A	K	Z	B	S	A	Z	I	Z	O	R	L	T	E
B	S	F	V	Y	L	A	R	V	W	E	U	C	O	N	I
J	K	Z	N	Q	C	A	R	G	A	R	Q	H	S	J	M
E	G	A	I	L	O	F	T	V	T	U	U	A	S	S	H
L	G	E	T	A	M	I	L	C	E	T	E	R	O	W	G
B	H	G	T	R	P	N	A	O	R	S	T	D	M	Y	V
I	T	Y	X	O	O	Y	C	G	E	I	O	H	Z	L	C
D	H	Y	G	L	S	L	I	C	N	O	U	I	O	Q	R
E	K	L	L	F	T	A	N	Y	I	M	W	X	L	Y	Z
Q	N	G	E	S	B	N	A	B	A	E	X	O	T	I	C
F	W	J	I	A	B	O	T	Y	T	Y	D	A	B	P	J
N	G	L	J	P	F	S	O	V	N	D	M	I	E	F	D
A	W	H	A	P	G	A	B	A	O	H	O	S	E	S	I
P	B	E	E	M	X	E	A	P	C	D	Y	Y	K	B	R
S	P	E	C	I	E	S	D	E	E	S	H	W	E	Z	T

BOTANICAL
BOUQUET
CLIMATE
EDIBLE
COMPOST
WATER
SPECIES
EXOTIC
FOLIAGE
LEAF
BLOSSOM
FLORAL
SEEDS
MOISTURE
CONTAINER
SEASONAL
DIRT
SOIL
HOSE
ORCHARD

42 - Entreprise

C	I	W	K	E	Z	X	D	E	P	N	K	L	I	O	W
U	M	N	I	J	P	O	L	N	M	D	S	Q	Q	F	I
R	E	O	V	P	O	G	T	Z	E	P	I	J	M	F	N
R	R	I	W	E	H	W	B	S	H	L	L	Z	X	I	C
E	C	T	J	H	S	B	G	F	K	L	F	O	X	C	O
N	H	C	E	L	Y	T	S	O	C	L	E	T	Y	E	M
C	A	A	Z	S	C	I	M	O	N	O	C	E	A	E	E
Y	N	S	F	I	Q	F	Y	E	N	O	M	J	N	Y	E
F	D	N	P	R	O	F	I	T	N	P	Q	P	X	G	E
A	I	A	C	A	R	E	E	R	X	T	K	P	A	B	H
C	S	R	E	Y	O	L	P	M	E	G	W	O	L	N	B
T	E	T	C	F	I	N	A	N	C	E	B	X	L	J	Y
O	T	A	X	E	S	W	G	I	B	U	D	G	E	T	H
R	X	I	C	E	O	E	U	J	S	V	W	U	U	W	V
Y	A	D	S	A	L	E	F	C	X	X	Y	U	D	M	Z
V	B	P	N	M	R	V	H	Z	W	S	L	N	O	J	X

MONEY
SHOP
BUDGET
OFFICE
CAREER
COST
CURRENCY
EMPLOYER
EMPLOYEE
COMPANY
ECONOMICS
FINANCE
TAXES
INVESTMENT
MERCHANDISE
PROFIT
INCOME
TRANSACTION
FACTORY
SALE

43 - Activités

G	A	R	D	E	N	I	N	G	S	S	P	G	L	K	H
G	Q	G	Q	E	M	Y	V	N	P	E	L	P	K	P	Y
F	S	W	H	Q	L	T	I	I	V	W	E	R	I	H	L
L	K	H	O	X	G	K	H	D	T	I	A	B	F	O	E
G	I	S	U	T	N	L	U	A	G	N	S	M	G	T	I
M	L	T	M	B	I	Q	N	E	R	G	U	Z	P	O	S
A	L	B	F	O	H	L	T	R	A	Z	R	I	O	G	U
V	C	D	T	X	S	C	I	M	A	R	E	C	V	R	R
F	I	T	G	I	I	G	N	I	T	N	I	A	P	A	E
C	G	H	I	O	F	G	G	C	Q	O	R	P	Y	P	N
S	A	T	I	V	U	V	Q	R	O	Z	S	S	W	H	G
K	M	M	D	K	I	B	U	A	U	S	O	O	P	Y	E
J	W	H	P	E	I	T	R	F	N	P	A	J	U	J	F
S	W	A	O	I	N	N	Y	T	C	G	A	M	E	S	X
V	A	S	W	C	N	O	G	S	X	Z	D	R	U	J	G
H	K	T	Y	E	P	G	I	N	T	E	R	E	S	T	S

ACTIVITY
ART
CRAFTS
CAMPING
CERAMICS
HUNTING
SKILL
SEWING
INTERESTS
GARDENING
GAMES
READING
LEISURE
MAGIC
PAINTING
FISHING
PHOTOGRAPHY
PLEASURE
HIKING

44 - Mode

S	O	P	H	I	S	T	I	C	A	T	E	D	S	V	M
Z	Q	B	G	O	S	U	U	Z	B	H	I	E	I	F	O
A	L	J	T	K	G	N	I	H	T	O	L	C	M	L	D
F	H	T	I	N	Q	H	H	I	N	E	Y	M	P	A	E
F	V	E	O	R	I	G	I	N	A	L	X	A	L	C	S
O	B	U	X	C	Y	Z	I	R	G	Y	T	T	E	E	T
R	U	Q	T	P	I	L	N	E	E	T	M	O	U	N	R
D	T	I	R	K	E	V	V	D	L	S	P	V	K	R	X
A	T	T	E	U	Y	N	Q	O	E	N	Y	N	Y	J	E
B	O	U	N	K	F	Q	S	M	U	I	O	Q	Q	T	C
L	N	O	D	U	L	A	C	I	T	C	A	R	P	K	B
E	S	B	P	W	U	D	W	O	V	E	I	E	O	N	E
E	M	B	R	O	I	D	E	R	Y	E	E	Q	X	T	J
M	I	N	I	M	A	L	I	S	T	N	V	W	C	Z	V
D	S	C	J	N	H	K	P	A	T	T	E	R	N	L	Q
J	L	I	F	A	B	R	I	C	M	R	U	M	T	K	F

AFFORDABLE
BOUTIQUE
BUTTONS
EMBROIDERY
EXPENSIVE
LACE
ELEGANT
MINIMALIST
MODERN
MODEST
PATTERN
ORIGINAL
PRACTICAL
SIMPLE
SOPHISTICATED
STYLE
TREND
TEXTURE
FABRIC
CLOTHING

45 - Fleurs

L	G	T	O	O	P	E	O	N	Y	T	X	F	T	R	G
U	K	Z	J	R	H	R	T	F	N	D	B	D	S	O	A
H	H	O	P	C	L	R	E	W	O	L	F	N	U	S	R
J	C	Q	Z	H	X	J	U	H	I	I	A	E	O	E	D
R	A	J	I	I	B	V	Q	I	L	D	L	T	F	U	E
S	L	S	I	D	X	W	U	B	E	O	X	W	E	Y	N
D	I	V	M	A	L	F	O	I	D	F	K	S	O	P	I
Y	L	I	L	I	A	B	B	S	N	F	P	H	C	P	A
W	J	I	L	L	N	A	F	C	A	A	S	V	T	O	Z
F	P	L	K	O	Q	E	T	U	D	D	L	C	E	P	C
L	A	V	E	N	D	E	R	S	Q	X	H	L	D	B	M
H	M	H	J	G	D	A	I	S	Y	E	H	O	M	L	N
N	H	M	Z	A	I	H	T	U	L	I	P	V	M	W	X
F	Z	V	L	M	A	L	H	P	O	K	W	E	D	R	T
E	F	I	B	N	V	C	O	B	S	Q	Q	R	O	F	Y
W	Y	T	P	A	S	S	I	O	N	F	L	O	W	E	R

BOUQUET
GARDENIA
HIBISCUS
JASMINE
DAFFODIL
LAVENDER
LILAC
LILY
MAGNOLIA
DAISY
ORCHID
PASSIONFLOWER
POPPY
PETAL
DANDELION
PEONY
ROSE
SUNFLOWER
CLOVER
TULIP

46 - Nourriture #2

E	N	O	O	M	T	X	I	O	M	Z	O	X	U	O	M
G	F	I	S	H	A	N	A	N	A	B	D	M	T	A	T
G	S	W	W	Z	E	N	W	J	C	K	J	X	Q	K	K
P	C	I	Y	W	H	D	G	Z	H	Y	G	U	M	G	T
L	I	K	O	T	W	T	B	O	I	C	E	L	E	R	Y
A	I	L	V	Y	Z	E	R	E	C	J	G	R	A	P	E
N	B	R	O	C	C	O	L	I	K	F	M	O	V	M	C
T	P	I	I	X	Q	R	J	D	E	Y	P	I	R	N	I
Y	H	J	D	U	X	D	I	N	N	E	G	G	F	I	R
I	J	N	H	I	T	C	H	O	C	O	L	A	T	E	U
V	I	U	D	A	E	R	B	M	O	O	R	H	S	U	M
L	R	A	A	W	M	R	J	L	M	Y	I	B	F	V	N
T	N	P	S	P	E	O	T	A	M	O	T	T	Z	E	N
N	U	Y	A	C	P	R	D	F	B	V	Y	K	V	L	Y
Z	W	D	I	R	Y	L	E	A	N	F	P	A	M	E	F
L	C	F	Q	M	B	K	E	C	H	E	R	R	Y	R	F

ALMOND
EGGPLANT
BANANA
WHEAT
BROCCOLI
CHERRY
CELERY
MUSHROOM
CHOCOLATE
HAM
KIWI
MANGO
EGG
BREAD
FISH
APPLE
CHICKEN
GRAPE
RICE
TOMATO

47 - Algèbre

E	J	S	N	U	Z	L	N	Q	D	M	E	L	S	H	I
X	M	V	U	E	X	B	O	J	D	R	E	B	M	U	N
P	G	P	E	B	I	H	I	A	Q	R	Y	O	D	S	F
O	Y	T	Q	Y	T	I	T	N	A	U	Q	A	A	Z	I
N	Y	Y	Y	G	H	R	C	D	S	Y	G	P	O	C	N
E	F	A	C	T	O	R	A	E	N	I	L	O	O	L	I
N	I	P	D	S	P	Z	R	C	M	A	T	R	I	X	T
T	L	E	I	O	N	Q	F	S	T	E	Q	Y	U	Z	E
C	P	Q	A	L	N	K	R	W	Y	I	D	D	H	E	L
A	M	U	G	U	M	F	M	E	L	B	O	R	P	R	B
X	I	A	R	T	F	O	R	M	U	L	A	N	A	O	A
O	S	T	A	I	V	J	H	F	C	L	F	U	R	S	I
J	S	I	M	O	P	U	K	Y	R	F	Q	G	G	J	R
V	X	O	B	N	Q	L	P	I	N	X	O	G	P	R	A
N	I	N	N	O	G	H	X	F	A	L	S	E	D	J	V
Z	N	R	Y	E	P	A	R	E	N	T	H	E	S	I	S

DIAGRAM
EXPONENT
EQUATION
FACTOR
FALSE
FORMULA
FRACTION
GRAPH
INFINITE
LINEAR
MATRIX
NUMBER
PARENTHESIS
PROBLEM
QUANTITY
SIMPLIFY
SOLUTION
SUBTRACTION
VARIABLE
ZERO

48 - Océan

S	F	T	D	D	S	Y	H	I	I	F	C	Y	S	W	T
O	A	S	M	R	O	T	S	O	R	S	O	W	E	H	R
G	N	U	J	S	M	L	K	Y	L	X	R	A	A	A	H
F	I	S	H	E	J	E	P	Q	H	P	A	V	W	L	D
K	A	S	X	F	E	E	R	H	S	O	L	E	E	E	R
F	B	H	Z	B	L	R	N	N	I	A	Y	S	E	E	Y
E	D	R	C	W	T	A	O	B	F	N	L	S	D	C	X
U	Y	I	F	K	R	A	H	S	Y	U	A	T	T	R	Q
J	K	M	D	K	U	V	N	Y	L	T	N	L	W	E	O
G	B	P	T	S	T	L	G	P	L	Q	U	R	L	A	R
T	C	W	X	U	I	F	L	U	E	C	P	J	N	I	H
F	R	S	S	P	O	N	G	E	J	H	L	J	E	X	E
B	A	X	V	O	D	Q	B	S	H	U	I	A	X	Z	R
H	B	W	N	T	F	E	D	R	I	O	E	J	G	M	C
W	X	U	A	C	H	Z	O	T	U	G	U	B	X	Y	U
H	Y	P	W	O	D	N	Q	W	C	J	Q	J	Z	Y	P

SEAWEED
EEL
WHALE
BOAT
CORAL
CRAB
SHRIMP
DOLPHIN
SPONGE
OYSTER
JELLYFISH
FISH
OCTOPUS
SHARK
REEF
SALT
STORM
TUNA
TURTLE
WAVES

49 - Antiquités

R	Q	X	S	D	Z	F	T	G	Y	Y	X	D	L	A	S
E	E	O	A	E	V	I	T	A	R	O	C	E	D	P	T
S	E	X	E	R	U	T	P	L	U	C	S	B	B	W	Q
T	H	O	F	J	F	X	B	L	T	Y	T	J	N	L	Z
O	B	M	T	R	T	U	H	E	Y	V	T	J	Q	A	N
R	N	O	E	F	L	Y	S	R	H	O	P	X	Y	V	J
A	N	A	R	M	Z	E	G	Y	P	C	O	I	N	S	P
T	V	A	U	T	H	E	N	T	I	C	D	B	N	I	E
I	A	W	T	N	R	A	I	O	O	L	D	R	L	K	Y
O	L	K	I	A	A	A	T	U	I	X	D	W	T	M	T
N	U	M	N	G	E	T	N	E	M	T	S	E	V	N	I
S	E	M	R	E	H	G	I	A	W	K	C	T	T	F	L
U	T	H	U	L	S	L	A	U	S	U	N	U	T	C	A
T	T	Y	F	E	A	Q	P	D	G	K	V	H	A	C	U
B	Y	R	L	E	W	E	J	C	E	N	T	U	R	Y	Q
K	W	Y	H	E	C	I	R	P	B	S	L	Y	M	E	Q

ART
AUTHENTIC
JEWELRY
DECORATIVE
AUCTION
ELEGANT
GALLERY
UNUSUAL
INVESTMENT
FURNITURE
PAINTINGS
COINS
PRICE
QUALITY
RESTORATION
SCULPTURE
CENTURY
STYLE
VALUE
OLD

50 - Boxe

Y	Q	L	E	O	E	N	F	D	W	C	S	U	C	O	F
E	U	B	X	R	L	K	T	D	F	P	O	K	X	K	S
K	I	E	H	E	B	B	J	Z	M	W	Y	R	I	D	Z
I	C	L	A	C	O	X	S	E	P	O	R	X	N	L	L
C	K	L	U	O	W	R	E	T	H	G	I	F	I	E	L
K	D	P	S	V	I	F	V	C	R	X	N	J	H	Q	R
K	Q	Q	T	E	N	W	O	I	F	E	G	X	C	H	A
L	M	U	E	R	J	O	L	O	O	E	N	J	E	G	O
B	J	V	D	Y	U	B	G	P	Z	R	B	G	T	I	P
K	D	E	O	S	R	D	P	O	A	E	L	S	T	R	P
B	O	D	Y	V	I	W	T	I	W	F	W	Q	B	H	O
J	X	G	N	M	E	C	N	N	J	E	H	Z	D	V	N
Z	D	Q	G	R	S	Q	V	T	Q	R	E	Z	B	O	E
H	W	Q	L	P	U	O	W	S	C	F	I	H	D	Z	N
E	F	I	S	T	U	P	T	W	V	T	D	T	K	U	T
T	C	J	B	A	O	A	L	K	V	F	L	O	T	J	U

OPPONENT
REFEREE
INJURIES
BELL
CORNER
FIGHTER
SKILL
FOCUS
ROPES
BODY
ELBOW
KICK
EXHAUSTED
STRENGTH
GLOVES
CHIN
FIST
POINTS
QUICK
RECOVERY

51 - Réchauffement Climatique

I	Z	N	P	O	P	U	L	A	T	I	O	N	S	Q	S
B	N	H	O	H	B	Z	Z	Y	R	Q	N	O	V	I	C
U	O	T	F	W	V	G	D	U	J	H	N	Z	B	X	I
S	I	N	E	R	U	T	U	F	J	A	T	S	Z	N	E
W	T	E	C	R	V	R	K	M	F	B	M	I	T	A	N
T	A	M	R	B	N	V	K	L	C	I	T	C	R	A	T
N	L	N	I	C	U	A	Y	Y	R	T	S	U	D	N	I
E	S	R	S	P	M	J	T	Q	X	A	N	E	J	Y	S
M	I	E	I	C	M	C	W	I	Z	T	G	T	P	O	T
P	G	V	S	B	Y	M	Y	P	O	S	U	A	C	A	O
O	E	O	S	L	Y	U	H	F	G	N	U	M	S	S	Y
L	L	G	X	D	G	V	Z	M	S	I	A	I	R	J	T
E	O	T	T	K	R	L	E	X	J	F	U	L	I	P	K
V	M	W	P	I	E	D	B	D	V	H	Z	C	Y	K	Z
E	Y	I	W	S	N	O	I	T	N	E	T	T	A	C	G
D	A	T	A	G	E	N	E	R	A	T	I	O	N	S	U

ARCTIC
ATTENTION
CLIMATE
CRISIS
DEVELOPMENT
DATA
ENERGY
FUTURE
GAS
GENERATIONS
GOVERNMENT
HABITATS
INDUSTRY
INTERNATIONAL
LEGISLATION
NOW
POPULATIONS
SCIENTIST

52 - Ballet

E	C	N	E	I	D	U	A	S	M	U	S	C	L	E	S
D	X	G	X	W	O	G	L	O	O	A	W	I	A	S	T
V	A	P	R	K	C	X	I	L	E	L	Y	T	S	U	E
A	C	N	R	V	L	B	P	O	R	U	P	S	R	A	C
I	V	P	C	E	E	M	C	H	U	F	F	I	A	L	H
O	N	V	M	E	S	Y	P	V	T	E	O	T	E	P	N
M	H	T	Y	H	R	S	C	R	S	C	R	R	H	P	I
B	F	I	E	A	D	S	I	P	E	A	C	A	E	A	Q
A	H	Q	S	N	G	L	S	V	G	R	H	Z	R	P	U
L	V	O	K	F	S	L	U	I	E	G	E	Z	E	H	E
L	M	Q	W	I	E	I	M	Z	R	T	S	C	S	F	J
E	N	J	M	U	R	K	T	C	E	V	T	D	O	X	W
R	F	K	O	O	Z	S	G	Y	D	T	R	K	P	G	D
I	P	A	H	C	X	B	E	M	S	G	A	B	M	S	A
N	Z	A	Q	Y	H	P	A	R	G	O	E	R	O	H	C
A	A	B	V	G	C	C	F	B	Y	E	Q	J	C	X	P

APPLAUSE
ARTISTIC
BALLERINA
CHOREOGRAPHY
SKILL
COMPOSER
DANCERS
EXPRESSIVE
GESTURE
GRACEFUL
INTENSITY
MUSCLES
MUSIC
ORCHESTRA
AUDIENCE
REHEARSAL
RHYTHM
SOLO
STYLE
TECHNIQUE

53 - Fruit

G	J	A	B	L	C	B	F	F	Q	V	C	I	O	L	L
X	R	H	C	A	E	P	D	K	I	E	H	L	R	U	O
R	Z	A	D	P	N	O	M	E	L	O	E	O	A	R	O
Q	Q	V	P	I	C	A	V	A	U	G	R	F	N	Q	Y
T	T	M	O	E	P	F	N	Y	V	N	R	F	G	C	L
S	O	W	I	W	I	K	Z	A	I	A	Y	C	E	M	U
A	P	P	L	E	N	P	V	P	D	M	A	T	F	V	O
R	M	U	J	J	E	O	D	A	C	O	V	A	I	A	R
M	D	I	E	W	A	N	N	P	I	R	Y	T	G	V	S
T	J	I	I	V	P	P	I	Y	O	L	P	E	I	K	J
Y	R	R	E	B	P	S	A	R	P	Y	E	O	W	F	C
L	I	X	N	O	L	E	M	R	A	E	P	I	V	O	L
O	P	X	S	L	E	T	E	E	L	T	B	Q	K	O	L
W	D	N	X	Y	H	E	C	B	T	O	C	I	R	P	A
A	O	Z	X	X	Y	Z	O	Y	A	N	M	E	S	J	F
E	H	W	R	Z	C	S	B	F	F	K	K	V	N	V	J

APRICOT
PINEAPPLE
AVOCADO
BERRY
BANANA
CHERRY
LEMON
FIG
RASPBERRY
GUAVA
KIWI
MANGO
MELON
NECTARINE
ORANGE
PAPAYA
PEACH
PEAR
APPLE
GRAPE

54 - Technologie

V	Z	R	G	P	H	M	A	G	W	A	D	E	B	V	B
N	T	Q	P	P	C	M	T	S	V	F	Z	A	L	I	L
I	J	S	T	H	R	V	Y	R	B	R	O	K	O	R	W
Z	E	S	M	S	A	D	T	D	C	F	B	N	G	U	P
B	R	O	W	S	E	R	I	H	Y	I	H	Y	T	S	I
Y	C	G	S	O	S	G	R	S	T	L	G	A	T	A	D
S	O	N	T	J	E	A	U	E	P	E	O	Y	P	E	F
O	M	B	A	E	R	S	C	L	M	L	W	R	E	G	S
F	P	Y	T	J	X	L	E	A	A	A	A	E	L	A	M
T	U	Y	I	S	C	Z	S	U	R	Y	F	Y	A	S	U
W	T	U	S	D	I	I	N	T	E	R	N	E	T	S	F
A	E	P	T	M	K	U	E	R	M	O	Q	Z	I	E	U
R	R	J	I	G	G	I	E	I	A	S	T	B	G	M	X
E	D	O	C	J	G	X	R	V	C	R	B	T	I	N	W
X	V	U	S	I	A	W	C	Z	L	U	L	R	D	U	C
N	D	M	R	P	G	E	S	G	R	C	C	J	E	L	F

DISPLAY
BLOG
CAMERA
CURSOR
DATA
SCREEN
FILE
INTERNET
SOFTWARE
MESSAGE
BROWSER
DIGITAL
BYTES
COMPUTER
FONT
RESEARCH
SECURITY
STATISTICS
VIRTUAL
VIRUS

55 - Musique

L	L	N	Y	D	G	N	Y	D	O	L	E	M	E	Q	H
H	A	R	M	O	N	I	C	F	T	P	F	U	X	D	L
P	C	C	A	I	I	P	T	E	M	P	O	S	K	Y	Y
Z	O	O	I	E	S	G	Q	A	O	W	A	I	Z	B	T
S	V	E	Y	R	T	M	M	R	I	A	Y	C	Z	A	X
R	N	P	T	S	Y	N	O	M	R	A	H	I	N	L	I
S	W	G	S	I	G	L	R	K	V	L	K	A	O	L	R
M	E	H	Q	V	C	K	T	H	Y	O	T	N	O	A	H
C	L	A	S	S	I	C	A	L	Y	F	Y	R	P	D	Y
M	U	S	I	C	A	L	K	L	A	T	G	L	E	E	T
U	X	R	E	C	O	R	D	I	N	G	H	W	R	M	H
B	X	Q	X	B	K	S	I	N	G	E	R	M	A	E	M
L	H	A	P	T	N	E	M	U	R	T	S	N	I	C	B
A	Z	M	I	C	R	O	P	H	O	N	E	M	J	C	P
A	W	V	O	I	B	O	N	W	F	R	Q	G	Q	T	S
U	C	J	N	Q	T	G	J	S	D	R	V	G	C	O	U

ALBUM
BALLAD
SING
SINGER
CLASSICAL
RECORDING
HARMONY
HARMONIC
INSTRUMENT
LYRICAL
MELODY
MICROPHONE
MUSICAL
MUSICIAN
OPERA
POETIC
RHYTHM
RHYTHMIC
TEMPO
VOCAL

56 - Gouvernement

G	J	B	W	A	S	W	B	E	W	I	A	N	P	E	N
S	L	U	F	E	C	A	E	P	Y	N	T	L	B	Q	A
C	A	L	M	A	J	L	H	H	E	D	C	R	W	U	T
I	I	R	I	Z	W	R	B	W	C	E	O	C	U	A	I
T	C	T	Q	B	R	M	M	Y	O	P	N	A	A	L	O
I	I	N	I	H	E	C	X	O	G	E	S	A	S	I	N
L	D	E	S	Z	M	R	Q	Y	Y	N	T	S	P	T	D
O	U	M	T	D	E	V	T	Y	S	D	I	W	T	Y	I
P	J	U	A	F	E	N	E	Y	T	E	T	Y	E	Q	S
J	H	N	T	I	H	M	S	G	H	N	U	C	F	M	C
O	W	O	E	Z	F	J	O	H	G	C	T	C	H	G	U
V	M	M	Q	X	G	C	K	C	I	E	I	I	H	J	S
N	A	T	I	O	N	A	L	E	R	P	O	V	I	B	S
S	Y	M	B	O	L	P	F	E	S	A	N	I	D	R	I
M	Z	Q	C	H	Z	V	N	P	A	U	C	L	T	S	O
X	T	Q	F	E	C	I	T	S	U	J	D	Y	T	M	N

CITIZENSHIP
CIVIL
CONSTITUTION
DEMOCRACY
SPEECH
DISCUSSION
RIGHTS
EQUALITY
STATE
INDEPENDENCE
JUDICIAL
JUSTICE
LIBERTY
LAW
MONUMENT
NATION
NATIONAL
PEACEFUL
POLITICS
SYMBOL

57 - Randonnée

M	L	P	A	M	N	Y	X	N	D	V	Y	W	E	K	N
G	K	A	K	X	C	P	V	X	Z	Y	Z	Q	D	N	A
N	T	R	T	W	Z	D	K	A	N	I	M	A	L	S	T
G	H	K	V	J	C	A	V	M	E	K	U	P	I	L	U
V	U	S	Z	B	X	D	T	T	O	H	E	G	W	X	R
F	F	I	L	C	S	T	O	O	B	D	M	T	D	Q	E
S	J	I	D	O	U	H	H	M	O	U	N	T	A	I	N
C	T	H	N	E	N	O	I	T	A	T	N	E	I	R	O
L	C	O	D	G	S	C	A	M	P	I	N	G	O	S	K
I	W	P	N	R	C	V	T	E	T	I	R	E	D	U	I
M	J	S	Q	E	D	A	X	H	M	Q	I	A	K	M	Q
A	T	H	P	H	S	B	D	U	M	Z	Y	Q	Q	M	O
T	B	Q	S	T	K	S	U	L	G	R	V	M	E	I	X
E	O	C	J	A	W	A	T	E	R	B	M	E	P	T	O
C	R	E	A	E	E	E	G	N	S	G	L	A	X	W	D
N	I	M	K	W	P	R	E	P	A	R	A	T	I	O	N

ANIMALS
BOOTS
CAMPING
MAP
CLIMATE
WATER
CLIFF
TIRED
GUIDES
HEAVY
WEATHER
MOUNTAIN
NATURE
ORIENTATION
PARKS
STONES
PREPARATION
WILD
SUN
SUMMIT

58 - Art

P	X	J	M	L	X	U	X	V	A	O	A	G	Z	T	E
Q	E	E	T	A	E	R	C	I	T	C	E	J	B	U	S
Z	L	R	V	B	S	P	J	S	L	S	I	M	P	L	E
D	P	U	S	I	A	J	T	U	A	S	E	M	J	L	P
A	M	T	X	O	N	T	L	A	N	X	W	N	N	W	A
I	O	P	V	X	N	S	F	L	I	I	G	F	O	C	I
D	C	L	C	Z	G	A	P	L	G	D	J	I	I	H	N
X	J	U	P	Y	G	E	L	I	I	J	M	G	T	A	T
C	I	C	Y	R	T	E	O	P	R	X	D	U	I	O	I
Y	I	S	A	X	F	B	A	V	O	E	A	R	S	M	N
E	X	P	R	E	S	S	I	O	N	G	D	E	O	Y	G
Y	K	T	T	C	E	R	A	M	I	C	O	V	P	K	S
S	U	R	R	E	A	L	I	S	M	L	O	B	M	Y	S
H	C	T	O	K	Y	X	V	Z	A	U	M	Q	O	M	D
T	X	P	P	W	O	I	E	L	F	I	P	C	C	X	K
R	J	E	D	P	Q	M	N	J	C	S	D	Q	G	P	F

CERAMIC
COMPLEX
COMPOSITION
CREATE
PORTRAY
EXPRESSION
FIGURE
HONEST
MOOD
INSPIRED
ORIGINAL
PAINTINGS
PERSONAL
POETRY
SCULPTURE
SIMPLE
SUBJECT
SURREALISM
SYMBOL
VISUAL

59 - Nutrition

T	O	X	I	N	C	U	B	A	L	A	N	C	E	D	E
H	G	E	D	M	U	S	O	V	W	L	M	J	O	J	L
G	B	R	L	Q	E	Z	Q	K	K	S	I	M	F	T	A
I	F	W	G	B	L	F	K	O	B	B	E	S	E	F	O
E	H	P	S	E	T	A	R	D	Y	H	O	B	R	A	C
W	J	S	S	H	B	E	K	F	T	F	O	D	M	M	P
S	S	S	N	I	E	T	O	R	P	M	V	I	E	H	D
F	L	A	V	O	R	A	O	G	E	H	F	E	N	I	Z
E	Q	I	W	H	I	L	L	B	F	M	F	T	T	T	Z
E	D	I	B	L	E	T	I	T	S	B	J	L	A	O	I
B	I	T	T	E	R	Y	S	Q	H	C	B	E	T	F	U
C	A	L	O	R	I	E	S	E	U	S	E	C	I	P	S
A	P	P	E	T	I	T	E	Q	G	I	M	U	O	L	N
Q	U	A	L	I	T	Y	E	A	C	I	D	A	N	M	I
G	E	C	V	I	T	A	M	I	N	A	D	S	N	X	N
J	Z	U	E	X	J	P	H	E	A	L	T	H	Y	K	P

BITTER
APPETITE
CALORIES
EDIBLE
DIET
DIGESTION
SPICES
BALANCED
FERMENTATION
CARBOHYDRATES
LIQUIDS
WEIGHT
PROTEINS
QUALITY
HEALTHY
HEALTH
SAUCE
FLAVOR
TOXIN
VITAMIN

60 - Créativité

E	W	S	B	C	T	I	M	A	G	E	Y	G	O	A	D
V	Y	P	G	O	L	S	E	N	S	A	T	I	O	N	Q
I	G	V	Q	C	U	A	M	E	Q	Y	I	Z	Q	E	H
T	I	I	S	P	Z	I	R	V	M	B	R	X	J	T	M
N	I	T	F	D	X	M	C	I	T	A	M	A	R	D	L
E	N	A	W	I	L	A	X	Y	T	I	D	I	U	L	F
V	A	L	M	A	D	G	L	R	Z	Y	Y	R	I	Y	K
N	R	I	V	Y	T	I	C	I	T	N	E	H	T	U	A
I	T	T	Z	V	E	N	O	I	S	S	E	R	P	X	E
D	I	Y	N	Q	Q	A	E	M	O	T	I	O	N	S	Z
E	S	H	Z	Z	Y	T	I	S	N	E	T	N	I	N	Q
A	T	I	K	N	O	I	T	I	U	T	N	I	T	O	I
S	I	W	W	N	N	O	I	S	S	E	R	P	M	I	A
U	C	S	U	O	E	N	A	T	N	O	P	S	Y	S	P
V	M	S	T	G	I	D	S	K	I	L	L	N	F	I	Q
I	I	N	S	P	I	R	A	T	I	O	N	N	U	V	J

ARTISTIC
AUTHENTICITY
CLARITY
SKILL
DRAMATIC
EXPRESSION
EMOTIONS
FLUIDITY
IDEAS
IMAGE
IMAGINATION
IMPRESSION
INSPIRATION
INTENSITY
INTUITION
INVENTIVE
SENSATION
SPONTANEOUS
VISIONS
VITALITY

61 - Science Fiction

H	B	Z	K	N	Y	Z	W	R	U	L	D	S	Q	I	U
T	E	C	H	N	O	L	O	G	Y	L	Y	R	N	L	M
H	W	I	G	A	L	A	X	Y	X	J	V	T	X	L	I
C	I	T	S	A	T	N	A	F	C	C	V	W	L	U	Y
Y	L	S	I	G	R	O	R	U	E	R	S	R	D	S	D
N	O	I	S	O	L	P	X	E	H	P	V	O	A	I	K
B	K	L	Z	I	E	F	F	I	R	E	Q	B	T	O	M
Z	V	A	O	R	W	F	U	P	W	L	Y	O	O	N	O
N	S	E	W	A	I	P	O	T	U	C	R	T	M	Y	Y
O	P	R	Z	N	J	L	N	J	U	A	A	S	I	U	N
V	L	A	D	E	H	X	G	U	X	R	N	Y	C	Y	K
G	A	H	S	C	H	J	C	L	B	O	I	B	Z	H	L
U	N	T	I	S	W	O	R	L	D	M	G	S	N	I	A
N	E	M	E	R	T	X	E	R	R	O	A	C	T	D	Y
R	T	B	O	E	B	O	O	K	S	A	M	E	N	I	C
M	Y	S	T	E	R	I	O	U	S	M	I	A	U	Y	C

ATOMIC
CINEMA
EXPLOSION
EXTREME
FANTASTIC
FIRE
FUTURISTIC
GALAXY
ILLUSION
IMAGINARY
BOOKS
WORLD
MYSTERIOUS
ORACLE
PLANET
REALISTIC
ROBOTS
SCENARIO
TECHNOLOGY
UTOPIA

62 - Professions #1

J	C	A	R	T	O	G	R	A	P	H	E	R	E	A	W
B	E	S	R	U	N	F	M	U	S	I	C	I	A	N	H
A	W	W	A	M	B	A	S	S	A	D	O	R	J	H	O
N	E	M	E	W	F	I	R	E	F	I	G	H	T	E	R
K	B	H	N	L	R	E	M	O	N	O	R	T	S	A	O
E	C	W	V	N	E	V	A	G	T	T	J	G	I	T	T
R	E	C	N	A	D	R	M	I	S	I	N	J	G	L	C
P	A	T	T	O	R	N	E	Y	I	W	D	L	O	I	O
H	I	Y	D	H	P	S	L	S	T	A	N	E	L	T	D
T	P	A	G	I	T	X	R	S	N	G	H	X	O	V	Q
I	Y	C	N	F	S	B	V	F	E	N	Z	A	H	A	M
E	E	B	L	I	V	N	U	P	I	I	V	R	C	A	O
Y	S	M	U	K	S	I	F	H	C	X	B	A	Y	P	J
H	U	N	T	E	R	T	W	H	S	M	U	D	S	N	B
F	N	A	R	B	E	C	O	A	C	H	R	W	P	C	A
G	E	O	L	O	G	I	S	T	P	L	U	M	B	E	R

AMBASSADOR
ASTRONOMER
ATTORNEY
BANKER
JEWELER
CARTOGRAPHER
HUNTER
DANCER
COACH
EDITOR
GEOLOGIST
NURSE
DOCTOR
MUSICIAN
PIANIST
PLUMBER
FIREFIGHTER
PSYCHOLOGIST
SCIENTIST

63 - Géologie

M	W	W	A	O	P	Z	Z	C	G	F	P	P	K	N	A
C	I	O	Z	E	M	W	H	O	G	O	Z	H	R	Z	F
N	Y	N	T	W	W	Q	X	N	V	S	Q	C	I	Q	O
D	T	O	E	Q	U	I	P	T	K	S	T	I	J	N	H
D	V	I	R	R	U	W	Z	I	D	I	C	A	E	Q	B
W	Y	S	N	I	A	F	F	N	G	L	Q	T	T	Q	F
B	Y	O	B	Y	E	L	M	E	R	N	R	E	V	A	C
M	Y	R	X	K	T	S	S	N	V	Y	U	T	R	I	M
B	N	E	U	Z	A	L	B	T	S	O	S	I	V	C	O
C	W	V	R	Y	L	A	A	V	A	L	L	T	O	N	L
A	W	R	F	P	P	R	I	Y	R	X	A	C	P	C	T
Q	U	A	R	T	Z	O	W	N	E	N	T	A	A	M	E
Y	O	E	L	D	X	C	T	K	S	R	S	L	N	N	N
C	A	L	C	I	U	M	K	V	Y	N	Y	A	Y	I	O
Q	S	T	O	N	E	M	Q	A	E	O	R	T	L	A	S
Z	O	N	E	T	E	K	Y	L	G	R	C	S	Y	J	P

ACID
CALCIUM
CAVERN
CONTINENT
CORAL
LAYER
CRYSTALS
EROSION
MOLTEN
FOSSIL
GEYSER
LAVA
MINERALS
STONE
PLATEAU
QUARTZ
SALT
STALACTITE
VOLCANO
ZONE

64 - Jardin

O	H	C	S	W	G	V	V	H	A	X	G	Z	L	R	S
R	F	U	Z	O	N	I	M	Q	S	Y	S	E	W	V	T
N	L	Q	W	Q	K	N	Z	L	F	B	M	R	X	J	H
L	G	S	J	X	U	E	A	I	K	V	D	G	W	J	O
U	S	M	N	U	R	V	E	B	A	N	I	L	I	O	S
W	S	B	L	E	F	G	K	E	Z	Q	Z	J	R	S	E
G	A	R	D	E	N	W	A	L	W	S	S	Z	B	I	C
L	R	F	L	O	W	E	R	G	Z	X	B	V	H	J	N
T	G	U	Z	I	N	H	F	D	D	N	O	P	D	P	E
G	E	N	I	L	O	P	M	A	R	T	O	P	I	C	F
N	A	R	T	R	E	E	Z	E	A	Q	M	L	G	I	K
F	C	R	R	W	S	K	W	L	H	C	N	E	B	I	H
B	Q	E	A	A	F	A	K	I	C	J	V	Y	B	L	M
I	U	D	B	G	C	R	S	J	R	Z	Q	X	W	D	X
L	C	S	S	D	E	E	W	H	O	S	H	O	V	E	L
K	B	J	H	H	A	M	M	O	C	K	P	G	Q	T	Y

TREE
BENCH
BUSH
FENCE
POND
FLOWER
GARAGE
HAMMOCK
GRASS
GARDEN
WEEDS
SHOVEL
LAWN
RAKE
SOIL
TERRACE
TRAMPOLINE
HOSE
ORCHARD
VINE

65 - Santé et Bien Être #1

D	K	M	V	A	A	X	J	B	W	Q	H	Z	Q	T	P
A	Y	A	E	T	P	S	G	M	U	I	C	C	M	R	O
I	Y	L	K	D	T	H	B	F	Y	H	D	W	I	E	S
Y	P	N	U	X	I	V	A	S	R	N	X	H	F	A	T
K	A	E	H	G	B	C	N	R	O	T	C	O	D	T	U
F	R	U	A	H	A	V	I	Y	M	B	Y	Y	H	M	R
R	E	G	N	U	H	U	B	N	X	A	A	R	E	E	E
A	H	Y	Y	R	U	J	N	I	E	A	C	C	I	N	A
C	T	U	A	S	E	N	O	M	R	O	H	Y	G	T	X
T	G	C	F	U	T	F	B	O	N	E	S	V	H	F	V
U	N	I	U	U	S	S	L	V	I	R	U	S	T	M	P
R	S	N	P	F	Q	K	B	E	M	U	S	C	L	E	S
E	V	I	T	C	A	I	F	S	X	A	K	F	G	F	R
L	R	L	F	N	K	N	B	A	C	T	E	R	I	A	C
H	J	C	J	R	I	Y	J	D	N	J	M	J	W	Z	L
U	U	S	L	U	E	F	G	O	J	S	X	P	L	M	F

ACTIVE
BACTERIA
INJURY
CLINIC
HUNGER
FRACTURE
HABIT
HEIGHT
HORMONES
DOCTOR
MEDICINE
MUSCLES
BONES
SKIN
PHARMACY
POSTURE
REFLEX
THERAPY
TREATMENT
VIRUS

66 - Barbecues

S	E	V	I	N	K	S	S	F	Z	C	W	X	P	S	P
D	A	O	N	I	O	N	S	U	X	A	A	Z	E	N	M
A	F	L	K	S	E	O	T	A	M	O	T	B	P	T	M
L	X	E	T	S	M	W	Z	W	U	M	J	G	P	T	A
A	C	Z	O	V	H	Z	T	U	U	Q	E	Q	E	I	E
S	C	H	H	S	T	S	L	L	R	K	Y	R	R	S	B
G	W	J	I	O	E	S	A	F	T	R	G	A	M	E	S
C	J	R	C	L	L	U	N	C	H	V	D	K	X	C	T
Y	D	L	A	L	D	E	S	X	P	N	N	Q	O	U	W
F	H	I	T	I	U	R	F	Z	Z	I	H	X	Q	A	B
W	Z	A	T	R	C	R	E	G	N	U	H	E	D	S	M
V	D	U	O	G	U	N	B	N	D	I	N	N	E	R	U
C	H	I	C	K	E	N	F	A	M	I	L	Y	W	Z	S
U	V	E	G	E	T	A	B	L	E	S	G	P	G	C	I
Y	J	L	I	T	E	H	F	I	H	F	G	G	N	E	C
E	J	S	M	U	H	I	S	F	Q	S	A	R	A	L	C

HOT
KNIVES
LUNCH
DINNER
CHILDREN
SUMMER
HUNGER
FAMILY
FRUIT
GRILL
GAMES
VEGETABLES
MUSIC
ONIONS
PEPPER
CHICKEN
SALADS
SAUCE
SALT
TOMATOES

67 - Forêt Tropicale

J	M	U	I	B	M	O	S	S	U	B	Y	Q	P	L	S
S	Q	F	N	O	I	T	A	V	R	E	S	E	R	P	P
J	X	F	S	Z	Q	R	F	F	O	P	Z	P	E	O	E
W	W	C	E	G	K	Q	D	D	F	D	J	T	E	W	C
S	C	R	C	L	O	U	X	S	Q	N	H	Q	S	G	I
O	P	E	T	F	M	L	A	J	F	L	Y	D	U	S	E
X	P	T	S	R	E	S	T	O	R	A	T	I	O	N	S
R	L	A	V	I	V	R	U	S	Z	C	I	C	N	L	N
C	O	M	M	U	N	I	T	Y	N	I	S	L	E	I	A
A	S	I	M	Y	Q	A	C	N	A	N	R	O	G	N	I
V	A	L	U	A	B	L	E	R	T	A	E	U	I	E	B
C	H	C	U	G	I	K	P	E	U	T	V	D	D	R	I
L	A	S	C	Q	O	T	S	F	R	O	I	S	N	Z	H
M	A	M	M	A	L	S	E	U	E	B	D	T	I	T	P
B	J	D	Y	C	B	Y	R	G	L	Q	B	B	Y	P	M
R	B	C	G	R	I	B	C	E	L	G	N	U	J	N	A

AMPHIBIANS
BOTANICAL
CLIMATE
COMMUNITY
DIVERSITY
SPECIES
INDIGENOUS
INSECTS
JUNGLE
MAMMALS
MOSS
NATURE
CLOUDS
BIRDS
VALUABLE
PRESERVATION
REFUGE
RESPECT
RESTORATION
SURVIVAL

68 - Insectes

D	S	T	H	C	E	C	W	L	G	F	O	Q	I	R	B
P	B	E	E	T	L	E	J	S	O	N	U	X	I	N	U
W	V	R	V	W	G	H	D	Y	G	T	K	Q	F	B	T
I	Y	A	X	K	U	U	R	S	D	Y	O	X	T	T	T
U	R	E	U	Z	G	J	G	J	U	V	E	V	K	W	E
Y	D	F	C	R	D	I	H	P	A	V	R	A	L	B	R
L	A	D	Y	B	U	G	C	Z	A	H	A	U	P	E	F
F	D	T	A	P	H	M	A	N	T	I	S	E	K	E	L
N	A	E	T	E	N	R	O	H	N	A	F	K	I	L	Y
O	C	R	O	D	I	L	R	E	A	H	N	L	P	I	Q
G	I	M	A	F	P	D	K	H	O	V	Y	G	E	A	V
A	C	I	Q	T	S	U	C	O	L	Y	K	S	A	A	R
R	I	T	B	Q	A	Q	O	T	I	U	Q	S	O	M	I
D	N	E	M	Y	W	G	C	W	O	R	M	V	X	V	D
G	R	A	S	S	H	O	P	P	E	R	T	D	Y	N	F
O	F	S	B	W	Q	Q	T	A	V	G	F	J	W	D	O

BEE
COCKROACH
CICADA
LADYBUG
LOCUST
ANT
HORNET
WASP
LARVA
DRAGONFLY
MANTIS
GNAT
MOSQUITO
BUTTERFLY
FLEA
APHID
GRASSHOPPER
BEETLE
TERMITE
WORM

69 - Ferme #1

B	H	Z	S	T	A	V	O	M	Q	R	D	A	C	G	M
R	X	O	B	X	V	J	R	B	B	Y	B	G	A	C	N
E	W	G	N	N	S	P	J	L	Z	G	Z	R	L	E	Y
K	P	L	C	E	E	B	S	E	Z	O	B	I	F	P	G
D	I	V	R	K	Y	C	C	F	R	A	I	C	E	P	Z
U	O	A	O	C	N	O	R	G	D	T	S	U	S	R	M
Y	F	G	W	I	D	O	P	B	G	F	O	L	B	R	P
H	E	O	C	H	U	P	A	F	H	M	N	T	H	I	M
L	R	Y	K	C	O	L	F	O	Z	X	S	U	S	O	D
A	T	J	T	A	B	W	E	F	R	R	F	R	A	Z	J
J	I	O	D	T	H	D	G	E	I	R	F	E	W	D	S
K	L	W	S	V	N	I	Z	Y	W	E	S	R	O	H	Z
R	I	Z	H	B	Q	D	F	J	D	T	L	V	W	F	C
I	Z	M	L	S	Y	B	Q	H	C	A	L	D	H	A	Y
C	E	U	T	D	Z	T	X	T	M	W	O	C	Q	U	M
E	R	D	O	N	K	E	Y	F	E	N	C	E	R	A	A

BEE
AGRICULTURE
DONKEY
BISON
FIELD
CAT
HORSE
GOAT
DOG
FENCE
CROW
WATER
FERTILIZER
HAY
HONEY
CHICKEN
RICE
FLOCK
COW
CALF

70 - Café

I	E	W	Q	Z	Z	S	K	V	Q	P	T	B	I	M	Y
B	N	U	J	H	V	M	W	S	E	V	P	E	B	T	C
J	I	V	A	R	I	E	T	Y	E	W	A	I	K	C	N
J	E	T	V	P	G	V	Q	Z	C	R	Y	F	N	R	C
A	F	E	T	W	A	T	E	R	O	V	A	L	F	E	B
I	F	G	G	E	C	I	R	P	U	C	Z	H	B	A	T
W	A	R	E	N	R	E	T	L	I	F	Q	M	Y	M	B
R	C	A	B	J	U	S	B	I	W	J	T	U	P	B	S
O	V	R	C	A	Z	Q	D	N	D	N	D	U	L	F	K
A	M	O	R	A	C	B	E	V	E	R	A	G	E	D	Y
S	A	P	A	P	S	I	M	O	R	N	I	N	G	F	S
T	S	B	G	F	J	J	D	P	X	P	Z	X	O	M	K
E	J	C	U	J	V	M	N	I	G	I	R	O	H	D	T
D	V	S	S	A	Q	Y	I	U	C	I	G	S	B	J	Q
X	K	H	E	B	Q	V	R	L	U	O	W	F	C	C	B
L	I	Q	U	I	D	A	G	D	K	C	A	L	B	B	E

ACIDIC
BITTER
AROMA
BEVERAGE
CAFFEINE
CREAM
WATER
FILTER
MILK
LIQUID
MORNING
GRIND
BLACK
ORIGIN
PRICE
ROASTED
FLAVOR
SUGAR
CUP
VARIETY

71 - Antarctique

T	E	M	P	E	R	A	T	U	R	E	B	U	B	A	Y
C	O	N	T	I	N	E	N	T	A	I	I	U	W	R	K
T	O	P	O	G	R	A	P	H	Y	S	R	V	H	N	C
M	F	H	B	B	O	X	U	I	Z	X	D	Q	A	A	O
G	I	U	R	P	U	P	H	O	G	Y	S	W	L	T	R
A	L	N	O	I	T	I	D	E	P	X	E	N	E	P	L
E	C	A	E	M	I	G	R	A	T	I	O	N	S	X	C
V	A	W	C	R	E	N	V	I	R	O	N	M	E	N	T
X	A	H	I	I	A	W	A	T	E	R	W	D	K	B	W
P	I	K	D	J	E	L	V	L	L	B	S	O	B	A	W
Y	O	V	N	I	F	R	S	Z	L	S	I	A	Z	X	M
E	F	O	F	L	M	I	S	O	M	H	D	P	D	W	L
P	E	N	I	N	S	U	L	A	J	X	U	U	D	X	P
B	B	I	K	R	E	S	E	A	R	C	H	E	R	Q	C
G	E	O	G	R	A	P	H	Y	I	S	L	A	N	D	S
Z	B	D	A	S	C	I	E	N	T	I	F	I	C	O	H

BAY
WHALES
RESEARCHER
CONTINENT
WATER
ENVIRONMENT
EXPEDITION
GEOGRAPHY
ICE
GLACIERS
ISLANDS
MIGRATION
MINERALS
BIRDS
PENINSULA
ROCKY
SCIENTIFIC
TEMPERATURE
TOPOGRAPHY

72 - Professions #2

F	E	D	D	X	X	U	U	T	I	T	D	P	P	P	P
L	V	R	E	H	P	O	S	O	L	I	H	P	H	H	A
B	I	I	G	N	M	T	W	L	L	L	E	O	O	Y	I
I	T	B	O	X	T	N	B	I	U	H	N	B	T	S	N
O	C	Z	R	P	M	I	O	P	S	U	G	K	O	I	T
L	E	O	O	A	Q	T	S	W	T	L	I	G	G	C	E
O	T	O	T	H	R	S	D	T	R	I	N	I	R	I	R
G	E	L	N	Z	G	I	N	M	A	N	E	A	A	A	E
I	D	O	E	M	Z	L	A	H	T	G	E	S	P	N	H
S	M	G	V	V	I	A	O	N	O	U	R	T	H	N	C
T	S	I	N	A	A	N	C	O	R	I	E	R	E	F	R
A	R	S	I	Y	N	R	M	E	E	S	Z	O	R	K	A
A	Y	T	K	U	O	U	Y	G	U	T	L	N	K	T	E
Q	G	G	M	V	X	O	E	R	E	H	C	A	E	T	S
J	N	O	W	H	K	J	D	U	H	F	H	U	M	H	E
G	A	R	D	E	N	E	R	S	Y	Q	K	T	P	I	R

ASTRONAUT
LIBRARIAN
BIOLOGIST
RESEARCHER
SURGEON
DENTIST
DETECTIVE
TEACHER
ILLUSTRATOR
ENGINEER

INVENTOR
GARDENER
JOURNALIST
LINGUIST
PHYSICIAN
PAINTER
PHILOSOPHER
PHOTOGRAPHER
PILOT
ZOOLOGIST

73 - Les Abeilles

Y	T	R	U	H	B	L	O	S	S	O	M	W	A	X	I
D	L	A	V	I	I	O	L	R	T	Z	Y	I	M	K	N
G	Y	Q	Q	V	W	Y	J	E	I	N	G	K	S	B	S
A	R	Z	Y	E	Y	I	Y	W	U	E	A	O	Y	E	E
R	R	B	A	V	P	T	C	O	R	L	T	L	T	N	C
D	O	O	F	S	M	B	U	L	F	L	P	M	P	E	T
E	N	M	J	F	E	E	O	F	U	O	D	Y	U	F	S
N	V	X	X	K	T	X	S	A	D	P	C	G	T	I	W
D	I	V	E	R	S	I	T	Y	S	M	O	K	E	C	A
A	M	V	W	U	Y	X	P	X	R	Q	D	T	M	I	R
D	N	N	I	H	S	W	Y	N	L	J	U	M	Y	A	M
S	F	I	N	J	O	R	F	U	F	A	S	E	N	L	X
U	O	S	G	Y	C	N	A	S	Q	N	G	S	E	X	H
N	N	O	S	W	E	R	E	Z	V	W	X	S	S	N	Q
Q	S	L	V	F	U	H	U	Y	R	L	W	A	G	I	A
W	O	H	A	B	I	T	A	T	X	Q	N	T	W	Z	F

WINGS
BENEFICIAL
WAX
DIVERSITY
SWARM
ECOSYSTEM
BLOSSOM
FLOWERS
FRUIT
SMOKE
HABITAT
INSECT
GARDEN
HONEY
FOOD
PLANTS
POLLEN
QUEEN
HIVE
SUN

74 - Santé et Bien Être #2

H	N	F	R	J	A	U	A	H	O	S	P	I	T	A	L
D	E	N	E	I	G	Y	H	P	D	L	D	C	T	N	A
E	T	A	W	Z	M	H	H	I	P	E	X	Y	G	R	N
H	S	W	L	F	A	D	Q	H	K	E	Q	Q	U	D	A
Y	D	O	B	T	G	K	A	G	D	S	T	N	S	Y	T
D	N	U	W	K	H	M	I	B	T	E	P	I	S	G	O
R	U	E	A	I	J	Y	G	R	E	L	L	A	T	R	M
A	T	I	N	F	E	C	T	I	O	N	D	B	E	E	Y
T	R	W	P	D	S	V	I	T	A	M	I	N	H	N	N
I	I	E	Z	M	C	T	K	Y	R	E	V	O	C	E	R
O	T	I	E	S	I	E	R	K	F	G	D	K	C	J	C
N	I	G	S	K	T	N	B	E	S	A	E	S	I	D	H
G	O	H	X	V	E	F	P	W	S	S	H	Y	X	O	V
W	N	T	Y	E	N	M	D	H	Q	S	S	J	X	O	Z
O	Z	T	Z	Q	E	I	R	O	L	A	C	H	E	L	J
V	S	V	Q	U	G	B	I	F	B	M	J	X	C	B	U

ALLERGY
ANATOMY
APPETITE
CALORIE
BODY
DEHYDRATION
ENERGY
GENETICS
HOSPITAL
HYGIENE
INFECTION
DISEASE
MASSAGE
NUTRITION
WEIGHT
RECOVERY
HEALTHY
BLOOD
STRESS
VITAMIN

75 - Conduite

P	J	V	X	G	K	Y	U	J	N	S	P	E	U	M	L
P	A	I	A	T	A	R	O	A	D	A	E	W	S	G	I
E	O	W	Q	P	M	E	C	U	T	F	D	H	Z	U	C
Q	V	L	H	X	E	G	B	X	D	E	E	P	S	J	E
B	T	E	I	E	K	N	P	T	D	T	S	V	K	C	N
C	A	C	C	C	L	A	K	M	R	Y	T	H	Q	Q	S
O	P	I	T	N	E	D	I	C	C	A	R	A	C	G	E
I	X	F	I	T	U	N	N	E	L	Q	I	W	I	P	L
Z	O	F	Y	E	F	W	O	B	G	J	A	H	G	A	C
B	R	A	K	E	S	S	X	R	Q	A	N	G	D	U	Y
P	O	R	C	R	T	I	N	C	C	P	R	U	G	U	C
W	T	T	U	T	G	B	V	Y	N	R	Y	A	R	U	R
O	O	O	R	S	I	P	T	C	Q	P	M	X	G	P	O
M	M	D	T	Q	K	S	X	A	B	D	Q	H	E	E	T
P	A	L	R	S	L	S	U	R	J	Y	K	G	A	S	O
U	D	P	G	O	M	B	A	L	A	C	J	B	I	M	M

ACCIDENT
TRUCK
FUEL
MAP
DANGER
BRAKES
GARAGE
GAS
LICENSE
MOTOR
MOTORCYCLE
PEDESTRIAN
POLICE
ROAD
STREET
SAFETY
TRAFFIC
TUNNEL
SPEED
CAR

76 - Plantes

G	T	G	D	B	A	F	Q	S	D	A	M	N	J	K	B
F	R	E	R	E	S	E	V	T	C	A	P	O	G	O	E
O	R	O	R	A	S	S	B	I	V	Y	A	I	Z	W	R
L	X	H	W	N	O	C	A	R	O	L	F	T	V	A	O
I	Q	R	L	I	M	G	M	R	A	J	E	A	B	F	F
A	S	R	P	I	M	B	B	P	G	M	H	T	L	P	Z
G	P	W	L	U	Z	E	O	B	B	T	S	E	R	O	F
E	Y	A	J	B	P	Z	O	E	N	R	P	G	X	E	Q
T	T	G	V	U	C	W	Z	P	P	E	R	E	I	F	S
O	F	L	A	T	E	P	T	B	B	E	Y	V	A	B	A
A	M	T	S	R	E	Z	I	L	I	T	R	E	F	O	O
Y	M	P	R	O	D	F	L	O	W	E	R	J	C	T	T
F	M	S	B	X	M	E	E	R	G	G	E	T	U	A	I
C	A	C	T	U	S	W	N	N	I	V	B	S	N	N	G
A	W	F	A	R	O	O	T	Y	D	H	S	T	X	Y	N
B	U	S	H	O	J	Y	X	X	Y	B	P	M	Z	Z	G

TREE
BERRY
BAMBOO
BOTANY
BUSH
CACTUS
FERTILIZER
FOLIAGE
FLOWER
FLORA
FOREST
GROW
BEAN
GRASS
GARDEN
IVY
MOSS
PETAL
ROOT
VEGETATION

77 - Ferme #2

T	D	X	W	P	S	S	I	L	U	D	L	I	M	V	W
A	R	C	U	Y	L	A	I	A	Q	U	S	N	U	E	L
E	A	A	W	O	D	A	E	M	M	I	L	K	L	G	E
H	H	D	C	C	O	R	N	B	T	N	Y	T	R	E	Y
W	C	V	O	T	Y	E	E	V	I	H	E	E	B	T	L
Y	R	X	M	G	O	M	L	H	N	Z	Y	U	I	A	K
Z	O	V	V	B	D	R	L	D	P	Z	T	R	E	B	S
B	A	R	L	E	Y	A	A	K	E	E	Z	I	G	L	N
B	Z	T	W	N	K	F	M	C	E	X	H	D	A	E	J
A	N	I	M	A	L	S	A	U	H	X	P	S	S	S	U
X	L	U	X	O	D	F	M	D	S	H	S	B	A	R	N
D	I	R	R	I	G	A	T	I	O	N	K	N	K	E	K
R	G	F	L	E	A	S	J	M	T	O	H	W	C	V	F
M	A	L	P	G	X	D	V	H	X	H	F	W	K	D	B
R	Q	O	P	M	Q	E	S	I	C	G	X	H	C	L	U
N	Q	A	D	P	A	W	Q	G	F	L	V	U	S	O	Q

LAMB
FARMER
ANIMALS
SHEPHERD
WHEAT
DUCK
FRUIT
BARN
IRRIGATION
MILK
LLAMA
VEGETABLE
CORN
SHEEP
FOOD
BARLEY
MEADOW
BEEHIVE
TRACTOR
ORCHARD

78 - Éthique

C	O	M	P	A	S	S	I	O	N	A	F	M	R	I	R
D	B	K	U	M	Y	M	S	I	U	R	T	L	A	N	E
P	H	I	L	O	S	O	P	H	Y	P	I	G	T	D	A
C	D	I	P	L	O	M	A	T	I	C	O	F	I	I	S
C	O	O	T	X	N	C	M	X	U	M	F	L	O	V	O
I	S	O	L	U	F	T	C	E	P	S	E	R	N	I	N
Z	V	Z	P	X	X	T	G	R	J	I	O	Y	A	D	A
D	W	G	W	E	C	N	A	R	E	L	O	T	L	U	B
W	Q	J	H	C	R	W	H	X	T	A	W	I	I	A	L
B	H	G	U	N	Z	A	I	O	N	E	D	N	T	L	E
Y	Q	U	T	E	Z	O	T	S	N	R	W	G	Y	I	V
M	S	I	M	I	T	P	O	I	D	E	W	I	G	S	A
R	P	I	M	T	P	C	J	P	O	O	S	D	V	M	L
Z	L	F	D	A	W	Z	H	Q	K	N	M	T	F	Q	U
K	V	P	W	P	H	U	M	A	N	I	T	Y	Y	U	E
K	I	N	D	N	E	S	S	D	R	T	T	Z	K	A	S

ALTRUISM
COMPASSION
COOPERATION
DIGNITY
DIPLOMATIC
KINDNESS
HONESTY
HUMANITY
INDIVIDUALISM
OPTIMISM
PATIENCE
PHILOSOPHY
REASONABLE
RATIONALITY
RESPECTFUL
REALISM
WISDOM
TOLERANCE
VALUES

79 - Maison

H	F	K	Y	N	B	S	X	L	K	I	S	R	R	O	Z
S	I	O	I	E	C	N	E	F	N	K	F	O	P	D	D
K	R	O	O	D	O	W	Y	R	K	E	J	O	O	R	J
I	E	G	A	R	A	G	A	K	Z	W	N	F	X	O	K
T	P	Y	R	A	R	B	I	L	C	R	U	Q	W	O	X
C	L	R	F	G	V	N	Z	Z	L	Q	V	H	Y	M	A
H	A	O	E	L	X	O	S	A	E	W	G	K	S	I	W
E	C	R	E	W	O	H	S	N	I	A	T	R	U	C	B
N	E	R	U	W	I	N	D	O	W	S	N	F	V	J	K
X	U	I	H	G	A	O	Q	K	Z	K	B	Y	O	C	T
G	P	M	A	L	K	T	W	N	Q	E	K	R	I	A	J
K	Y	C	G	W	T	D	T	N	O	Y	J	U	E	N	I
C	E	I	L	I	N	G	M	I	K	S	I	Q	R	Q	K
L	O	J	D	N	S	H	X	T	C	M	F	K	X	Y	T
W	K	G	M	N	J	J	C	B	R	O	O	M	G	N	Q
D	Q	G	I	I	O	R	X	E	T	S	U	K	A	W	Z

BROOM
LIBRARY
ROOM
FIREPLACE
KEYS
FENCE
KITCHEN
SHOWER
WINDOW
GARAGE
ATTIC
GARDEN
LAMP
MIRROR
WALL
CEILING
DOOR
CURTAINS
RUG
ROOF

80 - Famille

F	R	H	C	G	K	Y	E	T	G	D	B	C	U	R	C
K	R	D	O	G	K	R	M	G	R	A	Q	U	R	J	H
B	M	L	U	U	T	W	O	S	A	U	Z	U	U	B	I
A	A	I	S	D	Q	P	T	X	N	G	U	C	G	Q	L
N	N	H	I	W	K	E	H	M	D	H	W	R	R	U	D
E	L	C	N	U	R	K	E	K	F	T	W	Q	S	X	H
R	C	H	E	Z	E	I	R	D	A	E	S	I	R	X	O
D	H	K	C	S	H	T	K	D	T	R	I	R	F	V	O
L	I	R	E	H	T	O	R	B	H	E	S	W	W	E	D
I	S	S	I	K	O	O	Z	I	E	H	T	M	R	J	N
H	Z	C	N	H	M	N	R	X	R	T	E	Y	Q	W	A
C	Y	Y	O	V	D	L	O	O	Z	A	R	R	N	E	B
D	Z	H	L	W	N	Z	X	O	P	F	Q	T	P	A	S
I	U	C	V	W	A	H	M	A	T	E	R	N	A	L	U
T	W	Q	N	U	R	N	E	P	H	E	W	U	P	S	H
R	O	N	O	B	G	P	A	T	E	R	N	A	L	Y	U

ANCESTOR
COUSIN
CHILDHOOD
CHILD
CHILDREN
WIFE
DAUGHTER
BROTHER
GRANDMOTHER
GRANDFATHER
HUSBAND
MATERNAL
MOTHER
NEPHEW
NIECE
UNCLE
PATERNAL
FATHER
SISTER
AUNT

81 - Oiseaux

C	R	O	W	J	Z	Q	J	J	P	L	P	P	M	C	I
M	W	O	R	R	A	P	S	D	E	E	S	H	L	V	F
R	V	S	Z	K	O	V	F	P	F	O	N	A	W	S	O
U	A	T	O	R	R	A	P	I	V	D	E	G	N	K	D
A	P	R	E	O	W	C	G	S	O	O	K	C	U	C	L
T	I	I	D	T	J	L	T	Q	A	Y	C	C	I	I	R
P	A	C	O	S	D	L	U	B	C	T	I	M	G	N	N
H	I	H	V	I	J	U	W	A	M	W	H	R	E	G	G
L	E	G	E	D	C	G	C	N	N	A	C	U	O	T	Y
U	L	K	E	Y	H	H	C	K	P	E	A	C	O	C	K
U	M	Z	G	O	X	Y	H	E	R	O	N	M	G	F	S
Y	L	F	F	R	N	E	A	G	L	E	L	Y	I	L	Y
U	D	L	M	J	P	M	J	U	U	Q	U	V	C	J	M
A	L	Y	B	S	M	M	H	I	Q	V	D	F	J	J	C
G	O	O	S	E	P	E	L	I	C	A	N	K	L	K	O
C	L	X	Z	U	M	D	Z	K	P	P	N	H	N	T	E

EAGLE
OSTRICH
DUCK
STORK
DOVE
CROW
CUCKOO
SWAN
HERON
PENGUIN
SPARROW
GULL
EGG
GOOSE
PEACOCK
PARROT
PELICAN
PIGEON
CHICKEN
TOUCAN

82 - Disciplines Scientifiques

M	X	O	A	P	W	M	X	L	J	T	C	J	A	A	H
I	K	H	N	S	G	J	I	B	O	T	A	N	Y	S	E
N	Z	T	A	Y	G	O	L	O	N	U	M	M	I	T	C
E	Y	Y	T	C	G	R	O	B	O	T	I	C	S	R	O
R	G	G	O	H	G	O	S	A	B	N	V	D	S	O	L
A	O	O	M	O	W	E	L	O	B	U	M	C	T	N	O
L	L	L	Y	L	A	Z	O	O	C	G	O	K	I	O	G
O	O	O	B	O	M	B	U	L	I	I	N	L	N	M	Y
G	E	R	L	G	V	P	F	B	O	S	O	G	N	Y	U
Y	A	O	L	Y	U	F	R	Y	B	G	Y	L	T	D	B
C	H	E	M	I	S	T	R	Y	B	V	Y	H	O	J	P
J	C	T	W	B	I	O	L	O	G	Y	W	P	P	G	O
F	R	E	B	I	O	C	H	E	M	I	S	T	R	Y	Y
A	A	M	M	E	C	H	A	N	I	C	S	L	B	I	D
N	E	U	R	O	L	O	G	Y	G	O	L	O	O	Z	R
I	T	X	I	K	L	I	N	G	U	I	S	T	I	C	S

ANATOMY
ARCHAEOLOGY
ASTRONOMY
BIOCHEMISTRY
BIOLOGY
BOTANY
CHEMISTRY
ECOLOGY
GEOLOGY
IMMUNOLOGY
LINGUISTICS
MECHANICS
METEOROLOGY
MINERALOGY
NEUROLOGY
PHYSIOLOGY
PSYCHOLOGY
ROBOTICS
SOCIOLOGY
ZOOLOGY

83 - Maladie

K	Y	R	A	T	I	D	E	R	E	H	C	C	Q	G	R
A	B	D	O	M	I	N	A	L	T	H	L	H	S	L	E
E	S	K	O	W	E	L	L	N	E	S	S	R	A	L	S
W	I	E	G	B	L	U	M	B	A	R	P	O	B	J	P
M	N	D	P	C	G	E	N	E	T	I	C	N	S	R	I
Y	F	Y	R	U	I	J	K	S	U	C	M	I	U	E	R
Q	L	H	K	C	L	F	K	F	L	W	B	C	T	R	A
Z	A	T	N	O	H	M	I	M	M	U	N	I	T	Y	T
E	M	A	N	N	R	E	O	Y	S	Z	F	V	L	L	O
O	M	P	Y	T	Y	R	A	N	U	Z	A	G	A	U	R
I	A	O	S	A	O	O	Q	L	A	H	C	C	B	H	Y
R	T	R	J	G	A	G	P	B	T	R	N	T	O	U	X
T	I	U	U	I	R	V	X	S	S	H	Y	J	N	D	G
Q	O	E	M	O	R	D	N	Y	S	T	R	A	E	H	B
U	N	N	R	U	O	T	H	E	R	A	P	Y	S	C	F
T	Z	X	G	S	A	L	L	E	R	G	I	E	S	D	N

ABDOMINAL
ALLERGIES
WELLNESS
CHRONIC
CONTAGIOUS
BODY
HEART
WEAK
GENETIC
HEREDITARY
IMMUNITY
INFLAMMATION
LUMBAR
NEUROPATHY
BONES
PULMONARY
RESPIRATORY
HEALTH
SYNDROME
THERAPY

84 - Émotions

C	O	X	B	D	E	S	S	A	R	R	A	B	M	E	B
G	O	L	T	T	C	Z	Y	V	N	I	Q	N	L	S	O
R	C	N	G	N	A	G	M	E	X	G	D	Y	A	A	R
A	V	V	T	G	E	X	P	X	S	V	E	Z	C	D	E
T	E	L	Z	E	P	N	A	C	G	K	X	R	K	N	D
E	F	T	W	V	N	Y	T	I	J	S	A	A	I	E	O
F	O	V	K	O	Z	T	H	T	O	F	L	E	J	S	M
U	U	E	C	L	C	U	Y	E	Y	Z	E	F	X	S	Q
L	G	W	C	Y	C	U	U	D	I	T	R	I	Z	S	K
T	E	N	D	E	R	N	E	S	S	Y	B	H	L	S	N
S	U	R	P	R	I	S	E	F	Q	P	A	C	L	E	S
J	S	X	S	A	T	I	S	F	I	E	D	M	Y	N	R
D	V	H	X	J	Z	M	W	X	N	Q	P	P	Y	D	J
U	F	A	G	H	A	X	G	L	B	Z	T	X	I	N	W
T	R	A	N	Q	U	I	L	I	T	Y	Z	W	P	I	L
B	G	G	K	Y	G	M	Q	Z	C	J	A	K	H	K	L

LOVE
CALM
ANGER
CONTENT
RELAXED
EMBARRASSED
BOREDOM
EXCITED
KINDNESS
JOY
PEACE
FEAR
GRATEFUL
RELIEF
SATISFIED
SURPRISE
SYMPATHY
TENDERNESS
TRANQUILITY
SADNESS

85 - Géographie

M	O	U	N	T	A	I	N	A	I	D	I	R	E	M	R
K	T	F	N	N	P	O	A	E	T	L	Y	E	D	U	E
D	S	Q	O	B	A	D	D	S	N	R	D	V	U	A	G
C	Q	J	R	R	M	L	D	Y	E	O	T	I	T	H	I
V	O	H	T	Z	G	C	T	G	N	W	L	R	I	N	O
K	T	U	H	B	J	V	S	I	I	R	M	D	T	A	N
A	Y	H	N	S	X	Q	E	C	T	Y	T	E	A	Z	Q
T	D	N	R	T	G	E	W	D	N	U	B	G	L	B	S
S	U	G	U	G	R	V	J	Z	O	T	D	S	R	D	A
X	N	O	Q	V	E	Y	T	I	C	Z	Y	E	K	M	O
T	E	R	R	I	T	O	R	Y	R	P	V	Q	B	A	C
Q	G	S	N	W	I	S	L	A	N	D	O	N	N	E	E
E	F	F	O	A	T	L	A	S	T	O	P	M	I	A	A
Y	G	A	Z	U	H	N	Y	I	U	W	C	Y	B	H	N
U	H	Q	K	H	T	H	E	M	I	S	P	H	E	R	E
P	H	W	R	A	E	H	U	Z	T	M	T	H	J	W	P

ALTITUDE
ATLAS
MAP
CONTINENT
RIVER
HEMISPHERE
ISLAND
LATITUDE
SEA
MERIDIAN
WORLD
MOUNTAIN
NORTH
OCEAN
WEST
COUNTRY
REGION
SOUTH
TERRITORY
CITY

86 - Danse

M	L	Q	T	F	K	N	Z	I	U	J	G	V	T	C	P
T	E	C	H	O	R	E	O	G	R	A	P	H	Y	U	A
N	R	C	L	A	S	S	I	C	A	L	U	E	M	L	R
E	U	A	N	E	R	U	T	L	U	C	L	F	E	T	T
M	T	M	D	V	M	U	S	I	C	N	R	U	D	U	N
E	S	S	E	I	R	N	S	I	Y	A	B	P	A	R	E
V	O	W	F	S	T	E	C	A	R	G	E	J	C	A	R
O	P	B	B	S	R	I	H	Q	O	P	D	A	A	L	Z
M	Q	M	B	E	A	Z	O	E	J	U	M	P	G	A	L
U	B	F	Z	R	Y	N	G	N	A	J	M	C	S	U	O
B	O	D	Y	P	C	G	B	O	A	R	O	P	T	S	P
J	S	U	Q	X	T	N	P	I	J	L	S	Y	H	I	R
W	L	N	S	E	L	D	E	T	I	J	Q	A	F	V	Z
S	X	Y	X	Q	P	A	L	O	B	U	T	M	L	U	J
I	D	V	Y	N	V	O	Z	M	H	T	Y	H	R	D	L
K	P	C	H	J	F	M	Y	E	J	P	Y	D	D	V	K

ACADEMY
ART
CHOREOGRAPHY
CLASSICAL
BODY
CULTURE
CULTURAL
EXPRESSIVE
EMOTION
GRACE
JOYFUL
MOVEMENT
MUSIC
PARTNER
POSTURE
REHEARSAL
RHYTHM
JUMP
TRADITIONAL
VISUAL

87 - Bâtiments

S	O	L	I	K	A	N	I	M	U	S	E	U	M	T	S
K	C	L	N	M	Q	P	Y	M	A	V	I	H	J	E	U
U	M	H	V	D	T	M	A	O	I	Q	W	Y	H	N	P
X	F	U	O	Y	T	I	S	R	E	V	I	N	U	T	E
U	S	B	I	O	M	J	E	L	T	S	A	C	X	N	R
S	P	A	V	D	L	T	A	A	G	M	P	M	H	F	M
W	Y	R	O	T	A	R	O	B	A	L	E	R	I	A	A
T	H	N	M	P	M	T	Y	I	H	A	T	N	H	C	R
H	O	T	E	L	E	E	S	I	X	T	H	L	T	T	K
Z	X	Q	G	U	N	R	S	B	J	I	E	A	O	O	E
V	N	L	A	N	I	B	A	C	R	P	A	L	P	R	T
T	R	G	R	P	C	O	B	A	T	S	T	M	C	Y	J
I	D	L	A	B	H	Y	M	R	E	O	E	L	L	N	R
D	G	Y	G	H	U	J	E	G	U	H	R	Y	G	C	M
N	D	G	X	Y	L	P	J	D	W	T	O	W	E	R	Q
O	B	S	E	R	V	A	T	O	R	Y	G	P	W	L	S

EMBASSY
APARTMENT
CABIN
CASTLE
CINEMA
SCHOOL
GARAGE
BARN
HOSPITAL
HOTEL
LABORATORY
MUSEUM
OBSERVATORY
STADIUM
SUPERMARKET
TENT
THEATER
TOWER
UNIVERSITY
FACTORY

88 - Activités et Loisirs

K	L	H	M	M	G	M	Z	H	C	C	Z	T	N	T	R
R	P	W	O	K	V	D	G	A	A	Z	Z	W	L	S	E
G	O	L	F	B	E	E	X	H	M	H	E	V	R	I	L
V	U	K	L	D	B	V	G	I	P	R	E	R	G	N	A
S	R	F	S	A	L	I	G	N	I	H	S	I	F	N	X
E	V	D	G	U	B	J	E	G	N	I	X	O	B	E	I
F	F	P	N	G	R	Y	N	S	G	Y	V	A	R	T	N
R	A	C	I	N	G	F	E	S	O	C	C	E	R	C	G
H	Y	X	N	I	N	K	I	L	T	R	A	V	E	L	J
I	N	Q	E	M	I	M	L	N	L	M	C	C	I	D	B
K	Y	K	D	M	V	J	U	K	G	O	X	C	T	V	N
I	R	O	R	I	I	E	J	T	R	L	V	Z	J	N	E
N	D	V	A	W	D	B	A	S	K	E	T	B	A	L	L
G	E	P	G	S	P	A	I	N	T	I	N	G	P	V	F
B	R	U	G	J	U	S	L	P	P	E	O	A	O	W	Q
B	A	S	E	B	A	L	L	Q	T	U	P	A	N	Q	S

ART
BASEBALL
BASKETBALL
BOXING
CAMPING
RACING
SOCCER
GOLF
GARDENING
SWIMMING
HOBBIES
PAINTING
FISHING
DIVING
HIKING
RELAXING
SURFING
TENNIS
VOLLEYBALL
TRAVEL

89 - Livres

H	U	M	O	R	O	U	S	R	T	C	Q	C	I	P	E
M	X	O	B	F	H	U	I	M	R	N	O	O	M	W	M
W	U	W	L	E	V	O	N	N	A	B	S	N	C	Y	R
S	D	C	O	R	Q	C	V	J	G	W	Z	T	Q	R	Y
V	E	U	Z	U	T	L	O	U	I	U	Y	E	G	A	P
V	Y	R	O	T	S	I	B	L	C	F	A	X	E	R	K
O	Q	V	I	N	Q	C	Q	A	L	Z	P	T	N	E	Q
D	Q	T	E	E	U	E	I	C	W	E	L	R	P	T	X
P	U	N	D	V	S	Q	N	I	A	E	C	O	P	I	X
O	Y	A	A	D	D	V	V	R	U	M	A	T	Q	L	Z
E	I	V	L	A	R	N	E	O	T	M	E	A	I	B	A
T	P	E	G	I	H	B	N	T	H	N	K	R	N	O	H
R	J	L	L	W	T	W	T	S	O	X	I	R	L	B	N
Y	L	E	G	L	C	Y	I	I	R	E	D	A	E	R	W
M	B	R	P	O	E	M	V	H	T	P	M	N	Z	D	J
L	N	H	I	M	Q	O	E	O	W	B	O	J	C	V	L

AUTHOR
ADVENTURE
COLLECTION
CONTEXT
DUALITY
EPIC
STORY
HISTORICAL
HUMOROUS
INVENTIVE
READER
LITERARY
NARRATOR
PAGE
RELEVANT
POEM
POETRY
NOVEL
SERIES
TRAGIC

90 - Pays #2

D	S	O	M	A	L	I	A	I	S	S	U	R	Q	F	I
S	E	N	I	A	R	K	U	X	S	T	D	W	Y	Q	N
K	K	N	A	P	A	J	K	I	R	E	L	A	N	D	D
M	A	W	M	R	I	S	E	T	G	L	B	I	F	Y	O
C	E	C	N	A	R	F	N	I	K	R	B	N	Y	B	N
J	I	W	I	A	R	P	Y	A	R	R	Q	A	W	H	E
S	Y	R	I	A	X	K	A	H	D	X	O	B	V	P	S
H	S	T	W	N	M	P	T	Z	L	N	F	L	Q	P	I
R	K	N	G	I	N	A	D	U	S	W	A	A	N	O	A
W	N	W	C	H	A	K	J	K	H	G	F	G	I	T	N
J	U	A	A	C	U	I	M	E	X	I	C	O	U	Y	O
F	S	R	I	M	Y	S	O	A	L	J	L	X	V	P	K
J	T	K	D	D	U	T	L	F	W	G	T	X	F	E	S
Z	U	E	K	P	E	A	F	V	U	H	C	S	H	E	E
I	H	O	H	T	B	N	O	N	A	B	E	L	X	B	L
B	Y	D	S	C	J	G	N	G	B	E	G	N	T	J	T

ALBANIA
CHINA
DENMARK
FRANCE
HAITI
INDONESIA
IRELAND
JAMAICA
JAPAN
KENYA
LAOS
LEBANON
MEXICO
UGANDA
PAKISTAN
RUSSIA
SOMALIA
SUDAN
SYRIA
UKRAINE

91 - Fournitures d'Art

N	C	Z	L	L	A	O	C	R	A	H	C	H	Z	X	E
T	R	G	V	H	F	V	X	O	Y	S	L	U	R	J	A
U	E	K	M	M	S	Y	X	C	L	C	A	I	N	K	S
E	A	P	S	P	T	H	N	I	V	O	Y	U	I	P	E
E	T	V	R	E	T	A	W	L	J	P	R	C	D	R	L
R	I	E	O	E	U	L	G	Y	R	I	E	S	E	V	K
L	V	M	L	E	S	O	V	R	Z	S	P	H	A	W	D
Q	I	I	O	D	N	A	V	C	W	K	A	A	S	C	A
V	T	U	C	A	M	E	R	A	I	R	P	R	E	T	X
S	Y	G	R	G	B	S	L	E	T	S	A	P	H	C	W
U	D	A	E	M	I	E	P	E	N	C	I	L	S	X	Y
C	E	F	T	T	A	B	L	E	K	U	F	Z	U	F	K
C	H	D	A	R	J	V	D	X	K	Z	A	L	R	L	J
S	T	A	W	N	P	L	W	U	V	S	I	Z	B	D	X
D	E	U	I	S	T	K	U	Q	C	W	R	S	O	O	O
P	P	B	D	R	I	N	F	Y	Q	B	K	O	I	L	E

ACRYLIC
WATERCOLORS
CLAY
BRUSHES
CAMERA
CHAIR
CHARCOAL
EASEL
GLUE
COLORS

PENCILS
CREATIVITY
WATER
INK
ERASER
OIL
IDEAS
PAPER
PASTELS
TABLE

92 - Jazz

T	R	E	C	N	O	C	S	Q	C	M	U	B	L	A	L
S	E	T	I	R	O	V	A	F	T	R	U	G	R	N	Y
U	S	C	W	I	P	F	Y	K	S	D	J	S	J	J	E
O	O	D	H	Z	N	V	G	Q	F	D	Y	S	I	V	O
M	P	R	A	N	O	I	T	I	S	O	P	M	O	C	T
A	M	U	R	N	I	O	R	C	H	E	S	T	R	A	S
F	O	M	T	V	T	Q	O	Y	Q	U	I	H	K	O	O
B	C	S	I	Y	A	Q	U	T	A	L	E	N	T	L	L
E	C	S	S	S	S	P	B	E	N	B	H	Y	B	D	O
R	I	Z	T	X	I	W	Y	L	U	P	B	F	V	Q	B
N	H	E	T	J	V	K	U	F	B	S	O	N	G	N	M
E	Q	Y	G	H	O	C	M	Y	E	S	U	G	L	E	W
G	T	N	T	B	R	S	T	Y	L	E	W	E	K	W	W
Z	H	J	D	H	P	I	L	O	I	S	B	R	L	E	C
M	T	Y	H	M	M	U	Q	H	T	L	I	L	A	W	M
B	R	L	K	Q	I	C	U	Q	U	X	Q	N	I	F	O

ALBUM
ARTIST
FAMOUS
SONG
COMPOSER
COMPOSITION
CONCERT
FAVORITES
GENRE
IMPROVISATION
MUSIC
NEW
ORCHESTRA
RHYTHM
SOLO
STYLE
TALENT
DRUMS
TECHNIQUE
OLD

93 - Paysages

W	I	S	L	A	N	D	Q	J	G	Z	E	E	M	W	F
Q	A	E	S	M	F	D	U	X	L	W	S	P	T	C	G
C	R	T	V	S	C	P	D	F	A	Z	T	I	L	X	I
E	D	N	E	A	C	A	R	C	C	L	U	W	R	J	J
R	N	A	J	R	M	A	V	Q	I	P	A	L	R	Q	J
C	U	Y	I	E	F	P	C	E	E	S	R	I	O	L	N
B	T	D	G	V	S	A	D	M	R	O	Y	Y	M	C	Y
O	G	X	C	I	M	S	L	D	R	N	V	E	M	G	J
N	R	S	R	R	I	X	A	L	N	A	N	A	R	E	D
P	E	N	I	N	S	U	L	A	I	C	J	M	N	Y	Z
D	B	T	Y	L	T	L	S	V	A	L	L	E	Y	S	B
I	E	H	U	A	N	O	U	D	T	O	H	B	P	E	E
L	C	S	X	K	I	A	G	E	N	V	I	H	G	R	A
D	I	K	E	E	Y	S	E	R	U	M	L	J	M	B	C
H	B	Z	H	R	D	I	J	I	O	F	L	T	F	K	H
I	P	H	C	X	T	S	L	L	M	S	W	A	M	P	O

WATERFALL
HILL
DESERT
ESTUARY
RIVER
GEYSER
GLACIER
CAVE
ICEBERG
ISLAND
LAKE
SWAMP
SEA
MOUNTAIN
OASIS
PENINSULA
BEACH
TUNDRA
VALLEY
VOLCANO

94 - Pays #1

I	S	R	A	E	L	C	L	D	N	A	L	O	P	F	R
A	U	G	A	R	A	C	I	N	O	R	W	A	Y	K	L
A	P	Q	S	W	M	G	B	A	G	E	R	M	A	N	Y
F	H	K	P	V	C	J	Y	L	B	M	D	Q	H	O	U
G	I	L	A	M	A	D	A	N	A	C	E	L	Q	R	I
H	L	Q	I	M	G	I	U	I	V	U	V	B	L	O	G
A	I	E	N	O	K	N	A	F	R	O	M	A	N	I	A
N	P	R	C	O	Q	D	Y	S	Z	X	T	D	F	I	M
I	P	N	T	U	R	I	V	N	W	U	A	B	Y	S	A
S	I	L	H	H	A	A	M	A	E	P	E	R	X	G	N
T	N	F	A	D	O	D	A	R	G	E	N	T	I	N	A
A	E	Z	P	B	P	M	O	C	C	O	R	O	M	Q	P
N	S	F	M	C	N	P	N	R	W	C	V	O	I	X	U
H	O	P	V	E	N	E	Z	U	E	L	A	V	Z	N	V
P	D	D	Z	M	B	R	A	Z	I	L	E	A	L	Z	I
U	X	W	L	M	B	G	R	K	M	F	H	L	K	S	B

AFGHANISTAN
GERMANY
ARGENTINA
BRAZIL
CANADA
SPAIN
ECUADOR
FINLAND
INDIA
ISRAEL
LIBYA
MALI
MOROCCO
NICARAGUA
NORWAY
PANAMA
PHILIPPINES
POLAND
ROMANIA
VENEZUELA

95 - Nombres

X	T	H	X	Y	J	B	X	Q	H	D	D	N	E	X	V
L	W	G	I	F	U	K	A	B	O	O	A	E	C	D	H
W	K	B	P	Y	T	B	W	P	V	Q	T	D	O	H	K
S	R	G	E	H	K	L	R	U	O	F	H	V	O	Q	H
D	I	K	S	W	S	I	X	S	W	B	N	D	R	O	Q
U	E	X	R	W	Q	N	E	E	T	H	G	I	E	C	E
D	D	C	T	X	A	N	E	V	E	S	Z	R	Z	T	A
L	V	Q	I	E	G	B	Q	E	N	E	E	T	F	I	F
L	G	M	N	M	E	N	I	N	F	D	Z	W	J	N	C
F	I	B	H	T	A	N	Y	T	N	E	W	T	V	X	I
S	I	A	R	F	T	L	H	E	F	F	U	Y	L	Z	B
C	J	V	G	C	H	G	T	E	N	L	O	X	O	H	D
E	H	V	E	Q	G	X	V	N	P	B	D	C	B	H	P
V	U	V	Z	I	I	T	H	I	R	T	E	E	N	X	Z
U	C	T	H	R	E	E	N	I	N	E	T	E	E	N	S
V	T	W	E	L	V	E	F	O	U	R	T	E	E	N	Z

FIVE
TWO
DECIMAL
TEN
EIGHTEEN
NINETEEN
SEVENTEEN
TWELVE
EIGHT
NINE
FOURTEEN
FOUR
FIFTEEN
SIXTEEN
SEVEN
SIX
THIRTEEN
THREE
TWENTY
ZERO

96 - Psychologie

R	D	G	B	J	S	A	N	O	I	T	A	S	N	E	S
E	R	A	W	N	U	Y	T	Y	C	H	P	Z	J	P	Z
A	E	Y	U	S	O	F	W	B	J	D	P	H	M	E	C
L	A	T	J	G	I	S	T	H	G	U	O	H	T	R	T
I	M	Z	N	Z	C	D	C	U	T	P	I	F	C	C	C
T	S	T	X	B	S	U	R	D	W	M	N	Q	I	E	L
Y	T	I	L	A	N	O	S	R	E	P	T	F	L	P	I
E	N	W	U	L	O	G	A	D	Y	T	M	G	F	T	N
M	E	G	B	K	C	E	E	H	X	G	E	Z	N	I	I
O	M	J	G	F	N	W	D	S	V	R	N	O	O	O	C
T	S	E	I	X	U	K	I	T	A	O	T	X	C	N	A
I	S	O	L	E	X	P	E	R	I	E	N	C	E	S	L
O	E	F	P	B	E	H	A	V	I	O	R	K	C	D	G
N	S	X	S	U	O	I	C	S	N	O	C	B	U	S	H
S	S	N	L	V	T	R	C	H	I	L	D	H	O	O	D
O	A	I	J	H	A	Y	P	A	R	E	H	T	C	U	M

CLINICAL
BEHAVIOR
CONFLICT
EGO
CHILDHOOD
EXPERIENCES
EMOTIONS
ASSESSMENT
IDEAS
UNCONSCIOUS
THOUGHTS
PERCEPTION
PERSONALITY
PROBLEM
APPOINTMENT
REALITY
DREAMS
SENSATION
SUBCONSCIOUS
THERAPY

97 - Nature

R	C	C	L	J	G	D	R	N	Z	S	X	K	U	W	T
M	I	N	U	Q	F	X	E	W	P	D	F	E	X	U	R
T	M	V	F	Q	R	I	W	S	A	I	G	R	X	P	O
S	A	Y	E	Y	Y	O	X	D	E	P	K	F	H	H	P
Y	N	P	C	R	F	L	Y	I	C	R	A	E	M	V	I
B	Y	I	A	A	N	I	M	A	L	S	T	B	K	F	C
Y	D	G	E	U	B	O	S	H	E	L	T	E	R	S	A
H	E	U	P	T	M	T	I	F	O	L	I	A	G	E	L
R	F	R	J	C	R	P	U	S	A	R	C	T	I	C	E
G	Y	Y	Y	N	B	E	E	S	O	C	L	O	U	D	S
N	G	T	M	A	A	N	F	C	R	R	G	E	M	S	I
Z	O	U	Z	S	I	E	O	W	X	N	E	A	K	U	O
G	L	A	C	I	E	R	R	A	W	T	Y	B	A	Z	Z
O	Q	E	O	V	V	E	E	Z	I	C	Z	Z	B	E	D
F	G	B	H	A	E	S	S	Q	L	A	T	I	V	U	Z
E	Q	H	C	X	G	E	T	P	D	T	N	C	X	R	E

BEES
SHELTER
ANIMALS
ARCTIC
BEAUTY
FOG
DESERT
DYNAMIC
EROSION
FOLIAGE
RIVER
FOREST
GLACIER
CLOUDS
PEACEFUL
SANCTUARY
WILD
SERENE
TROPICAL
VITAL

98 - Chimie

X	R	S	H	Y	Z	Z	H	E	N	Z	Y	M	E	H	I
U	Q	F	S	V	H	Y	O	L	E	M	U	N	N	Y	W
I	M	E	T	A	L	S	P	U	G	Y	M	H	I	D	E
R	E	N	I	R	O	L	H	C	Y	C	S	U	L	R	I
X	T	E	A	K	F	J	B	E	X	K	G	O	A	O	G
A	H	R	H	T	I	A	F	L	O	H	F	T	K	G	H
C	F	U	K	Q	M	B	N	O	R	T	C	E	L	E	T
I	V	T	P	Z	P	V	A	M	L	A	L	D	A	N	C
D	G	A	P	J	D	G	W	L	X	E	F	A	M	L	A
A	A	R	T	N	P	Y	E	D	Q	H	Y	K	S	I	T
U	S	E	J	O	N	U	C	L	E	A	R	L	Z	Q	A
X	K	P	P	B	M	F	I	O	N	U	D	R	E	U	L
G	V	M	N	R	H	I	R	O	T	G	G	W	Y	I	Y
I	M	E	O	A	K	C	C	O	O	A	V	N	C	D	S
W	E	T	J	C	F	R	M	A	F	E	D	Y	D	R	T
T	B	D	Z	G	X	Q	Q	J	X	B	T	K	J	L	M

ACID
ALKALINE
ATOMIC
CARBON
CATALYST
HEAT
CHLORINE
ENZYME
ELECTRON
GAS
HYDROGEN
ION
LIQUID
METALS
MOLECULE
NUCLEAR
OXYGEN
WEIGHT
SALT
TEMPERATURE

99 - Bateaux

X	D	M	D	X	B	R	F	Z	Y	R	R	E	F	B	K
R	S	K	A	Y	A	K	P	Z	R	K	A	Y	J	U	K
T	H	R	E	D	I	T	R	E	V	I	R	F	Z	O	B
B	T	X	S	N	C	A	O	K	Q	J	B	S	T	Y	R
X	G	L	E	J	G	F	H	A	H	N	C	M	X	H	R
S	P	F	V	H	O	I	C	L	I	U	W	L	C	C	Y
V	A	K	A	N	C	C	N	N	A	U	T	I	C	A	L
M	W	I	W	V	E	E	A	E	Y	Q	J	G	L	M	A
N	C	P	L	W	A	R	O	P	E	M	X	G	K	L	R
D	U	Y	E	O	N	A	C	U	E	A	O	Y	U	A	W
C	R	E	W	O	R	H	J	G	N	S	B	A	P	G	X
O	W	O	O	L	I	B	T	M	F	T	K	C	V	Q	T
E	K	M	F	K	Q	J	T	R	J	P	C	H	H	E	J
F	Y	I	A	J	C	N	Z	X	Y	I	P	T	F	G	E
S	A	I	L	B	O	A	T	M	O	I	N	Z	R	Q	Y
I	M	M	H	H	B	N	O	Y	O	L	W	S	I	V	Z

ANCHOR
BUOY
CANOE
ROPE
CREW
FERRY
RIVER
KAYAK
LAKE
TIDE

SAILOR
MAST
SEA
ENGINE
NAUTICAL
OCEAN
RAFT
WAVES
SAILBOAT
YACHT

100 - Mesures

D	L	Z	Z	E	I	W	B	H	J	W	O	N	S	O	N
E	P	K	V	Y	N	R	X	V	P	N	L	O	F	X	X
G	U	G	I	Q	C	E	K	I	L	O	M	E	T	E	R
R	E	T	E	M	H	T	P	E	D	A	W	K	I	F	W
E	T	N	T	A	W	E	I	G	H	T	M	L	R	A	I
E	U	I	Y	S	G	M	J	D	J	V	E	I	I	I	D
G	N	I	J	S	L	I	Q	E	Q	M	H	T	C	T	T
R	I	O	P	Z	N	T	D	C	P	W	Q	F	B	E	H
A	M	R	T	L	T	N	X	N	B	Z	K	N	F	M	D
M	U	N	P	S	J	E	Q	N	N	B	O	W	W	U	X
H	E	I	G	H	T	C	O	A	F	Y	L	S	J	L	W
F	A	O	H	T	E	O	U	U	P	T	U	Y	Q	O	Z
I	T	M	N	O	T	H	T	G	N	E	L	B	D	V	L
B	K	I	L	O	G	R	A	M	K	C	L	I	T	E	R
F	W	S	G	L	X	B	B	B	R	P	E	Y	P	A	B
X	B	B	C	P	A	C	Q	D	I	K	S	I	J	U	I

CENTIMETER
DEGREE
DECIMAL
GRAM
HEIGHT
KILOGRAM
KILOMETER
WIDTH
LITER
LENGTH
MASS
METER
MINUTE
BYTE
OUNCE
WEIGHT
INCH
DEPTH
TON
VOLUME

1 - Adjectifs #2

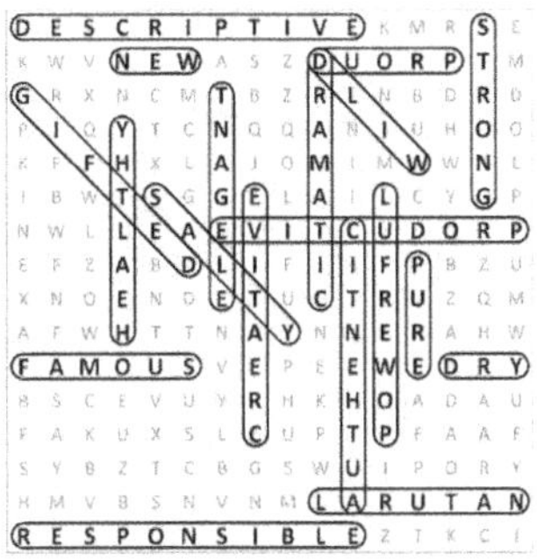

2 - Formes

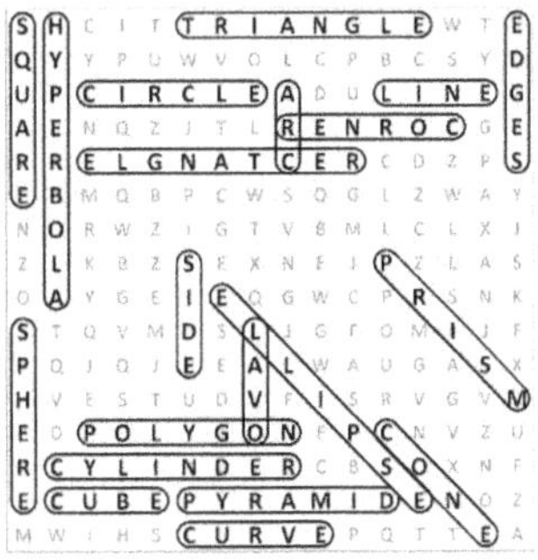

3 - Force et Gravité

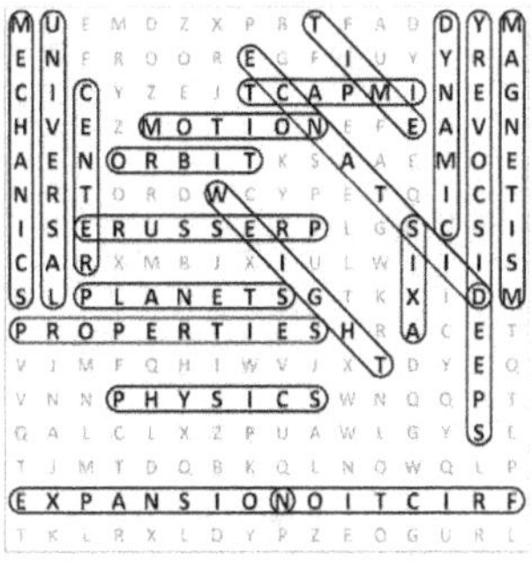

4 - Adjectifs #1

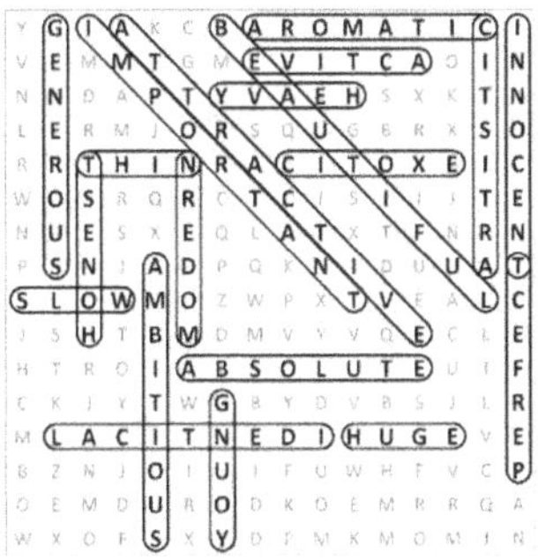

5 - Instruments de Musique

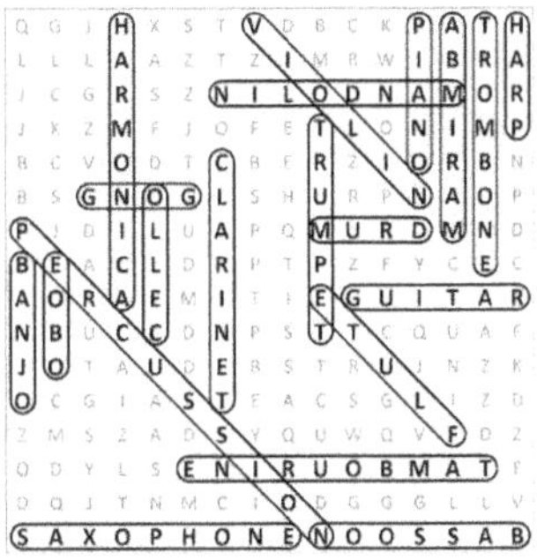

6 - Échecs

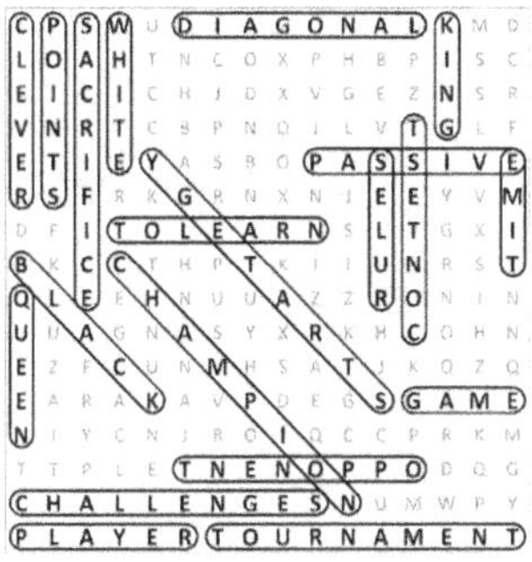

7 - Herboristerie

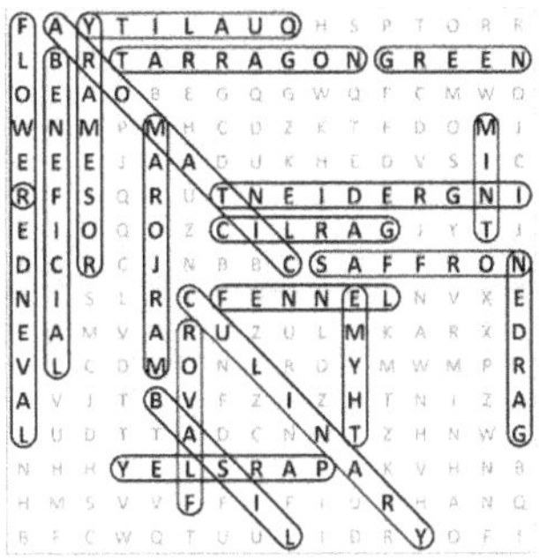

8 - Photographie

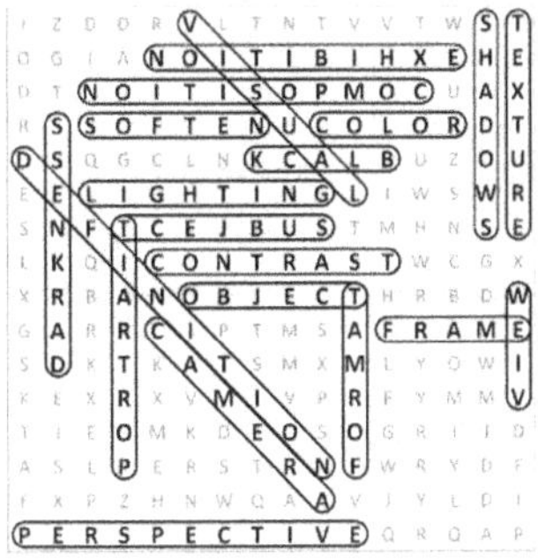

9 - Camping

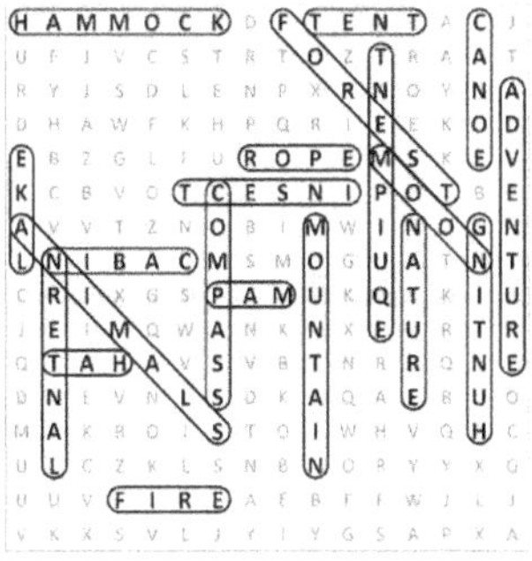

10 - Écologie

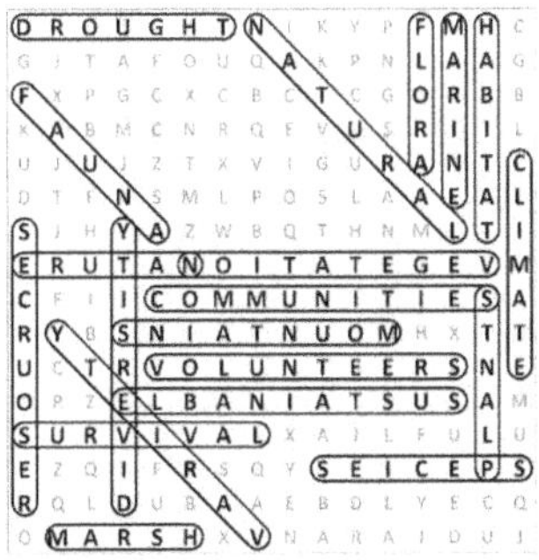

11 - Géométrie

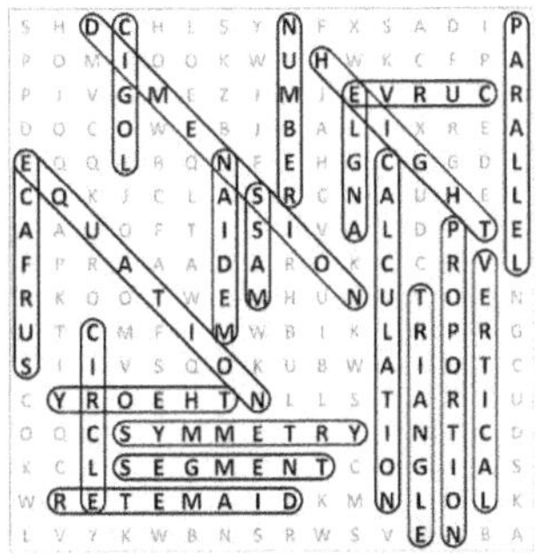

12 - Philanthropie

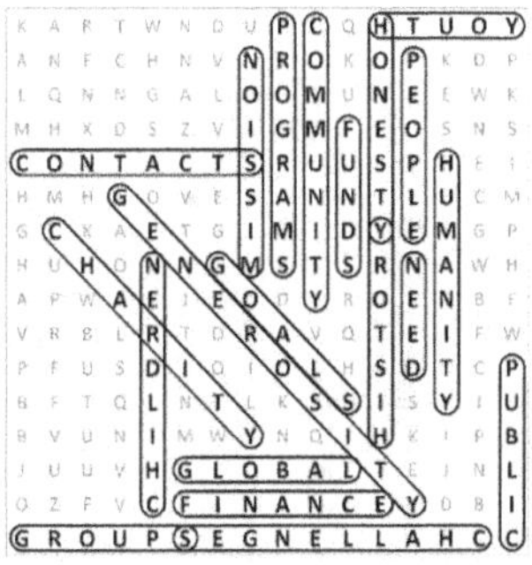

13 - Diplomatie

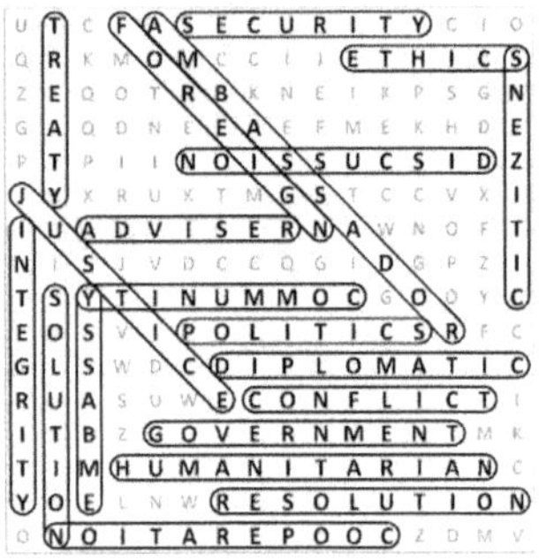

14 - Électricité

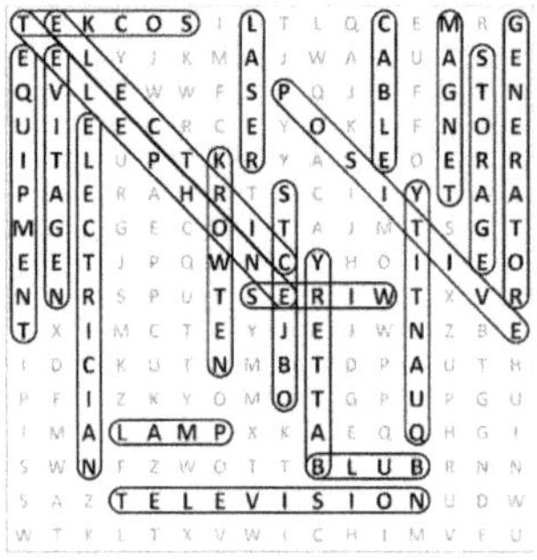

15 - Astronomie

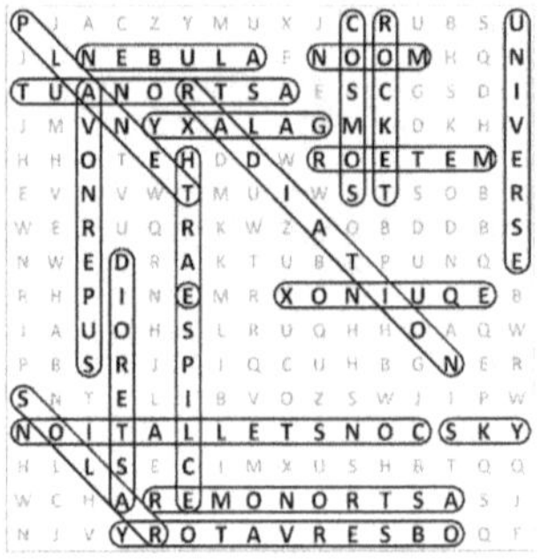

16 - Physique

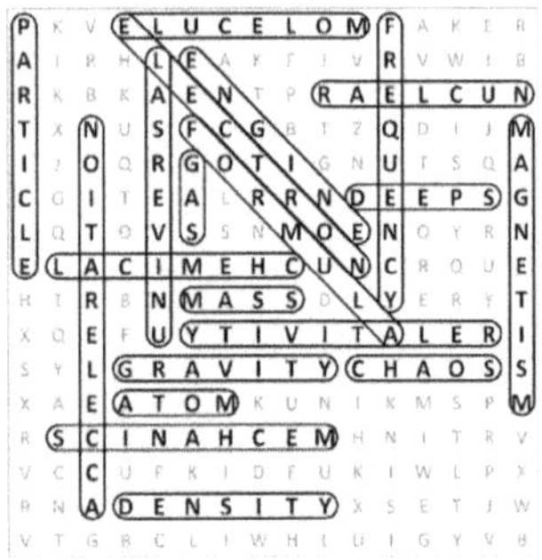

17 - Types de Cheveux

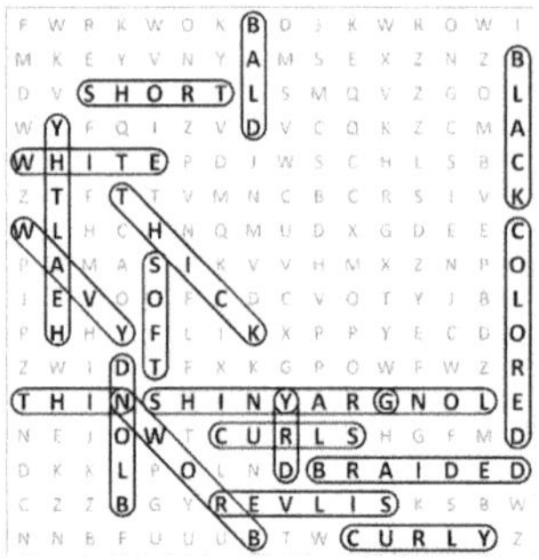

18 - Archéologie

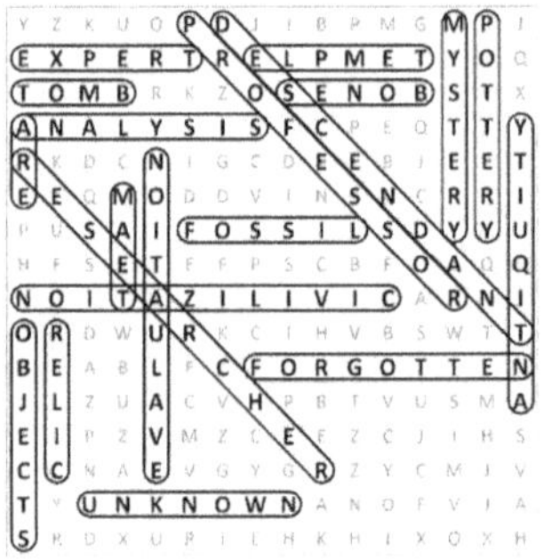

19 - Mammifères

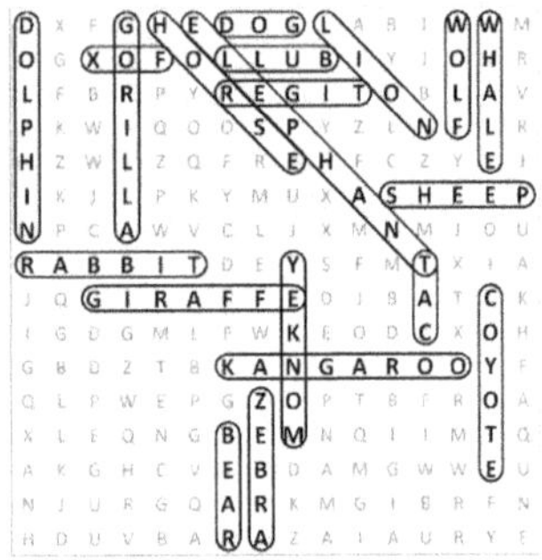

20 - Chocolat

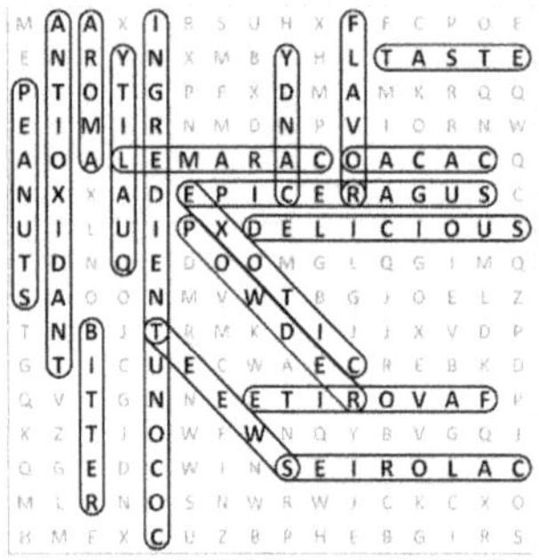

21 - Mathématiques

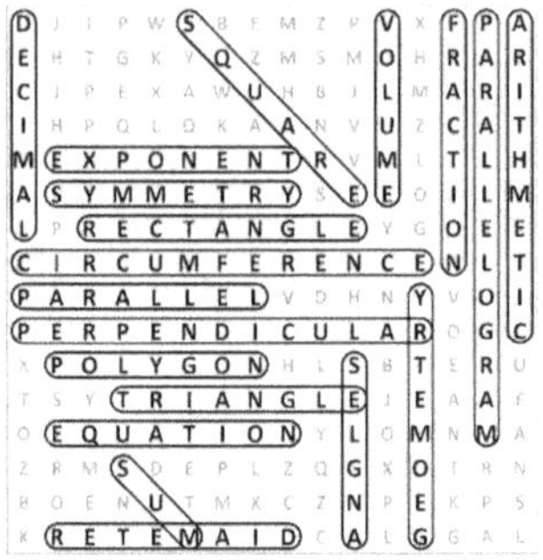

22 - Sport

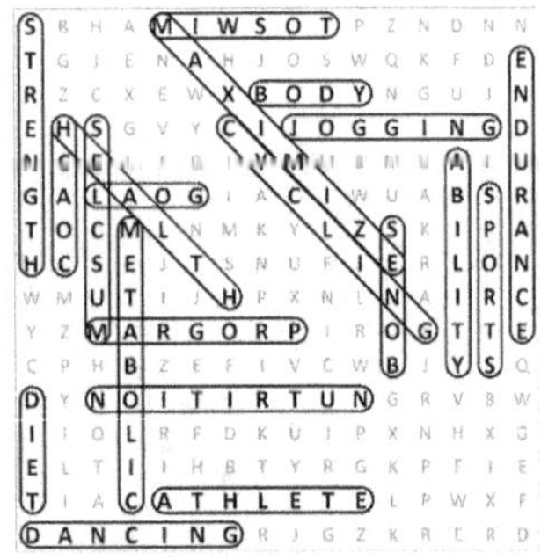

23 - Mythologie

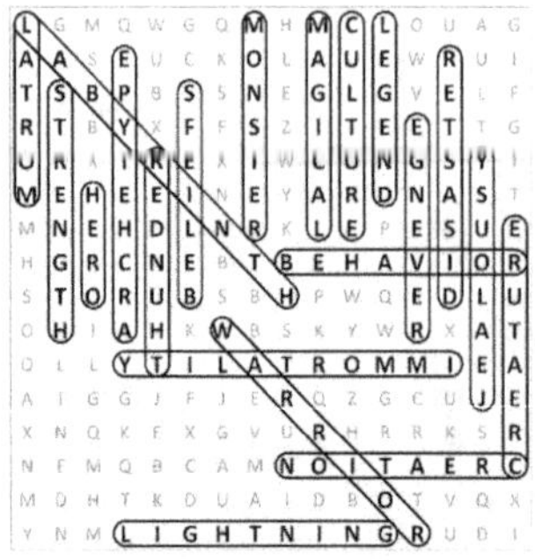

24 - Restaurant #2

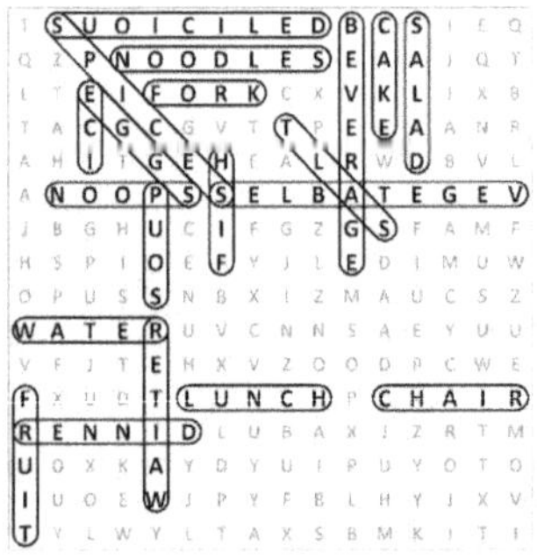

25 - Beauté

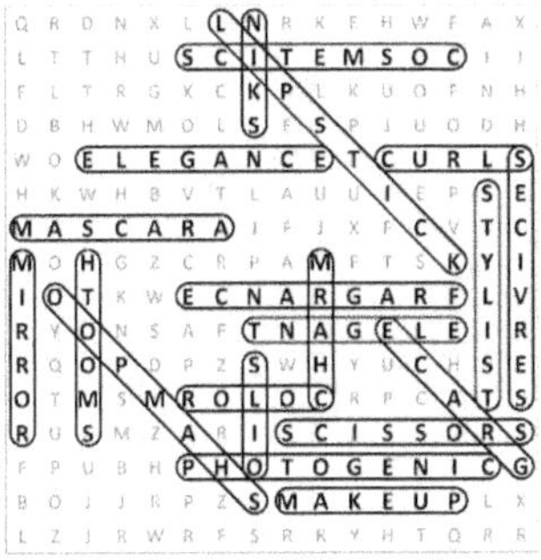

26 - Avions

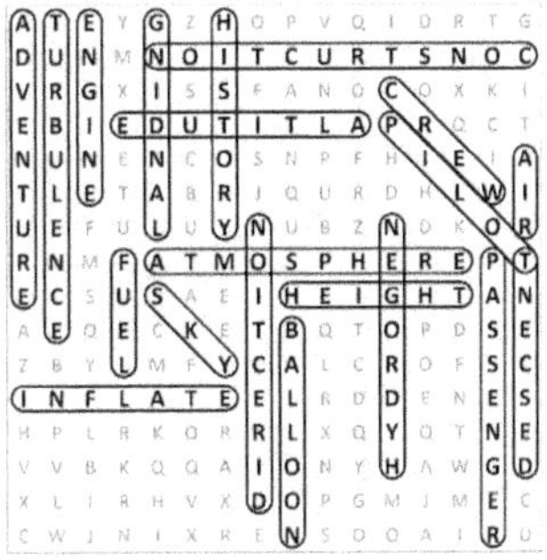

27 - Aventure

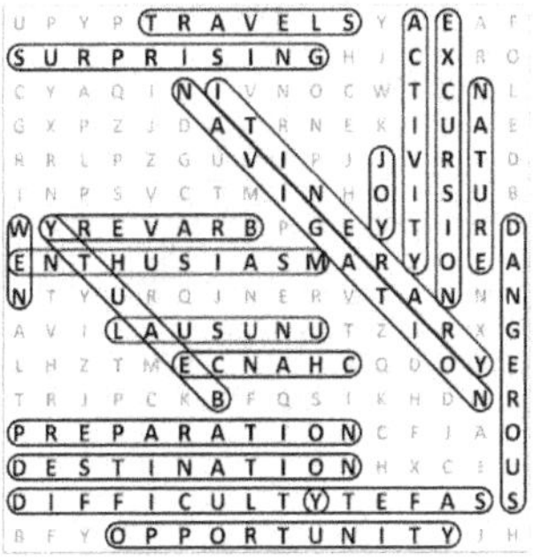

28 - Ingénierie

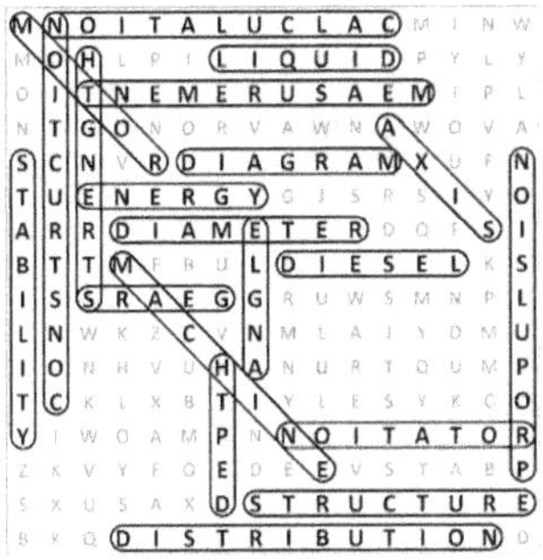

29 - Énergie

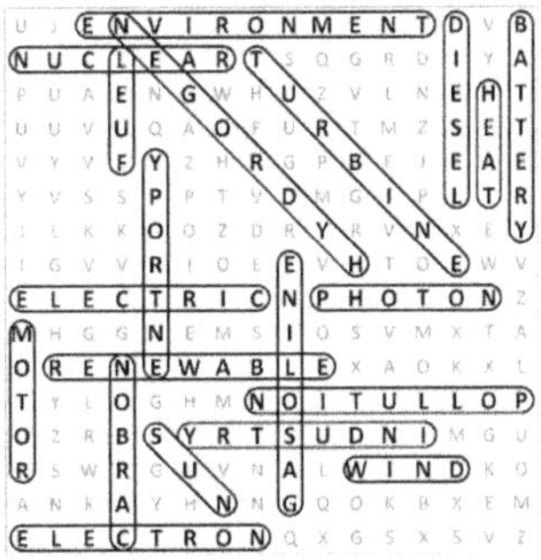

30 - Cuisine

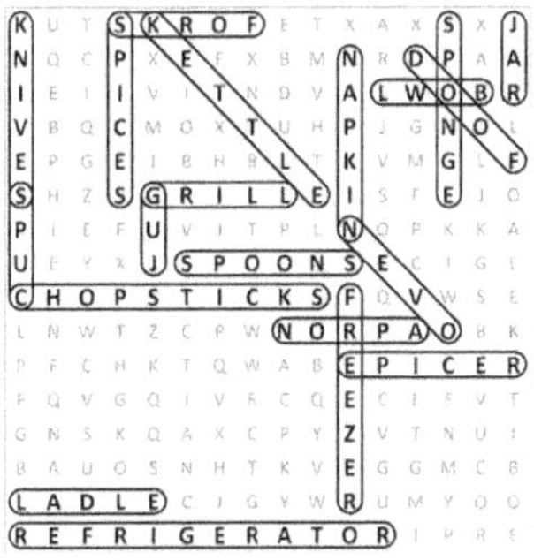

31 - Corps Humain

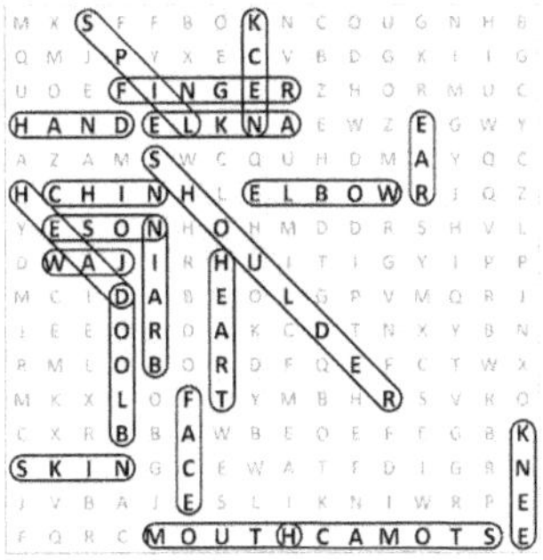

32 - Biologie

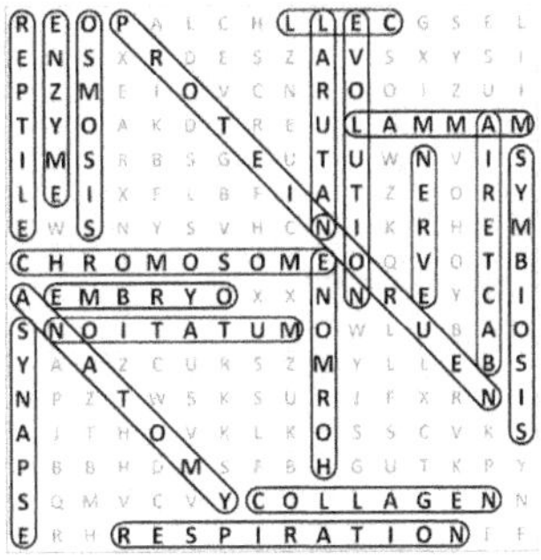

33 - Épices

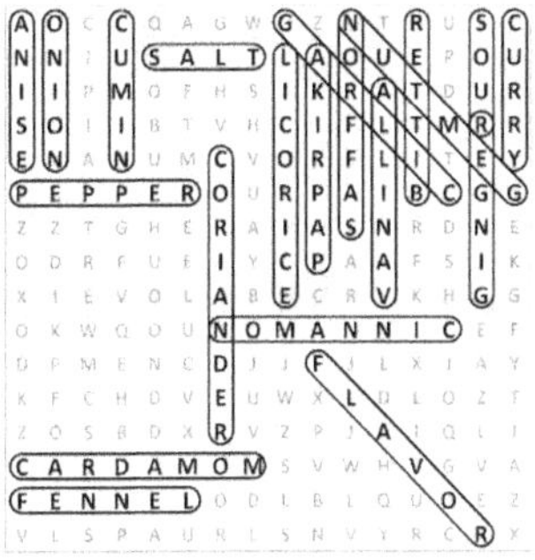

34 - Agronomie

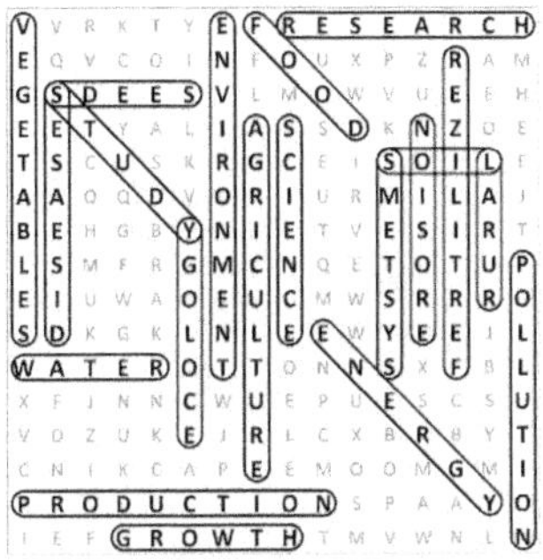

35 - Science

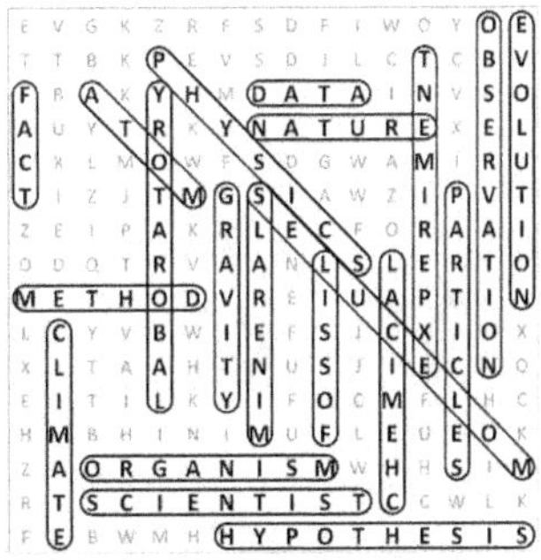

36 - Vêtements

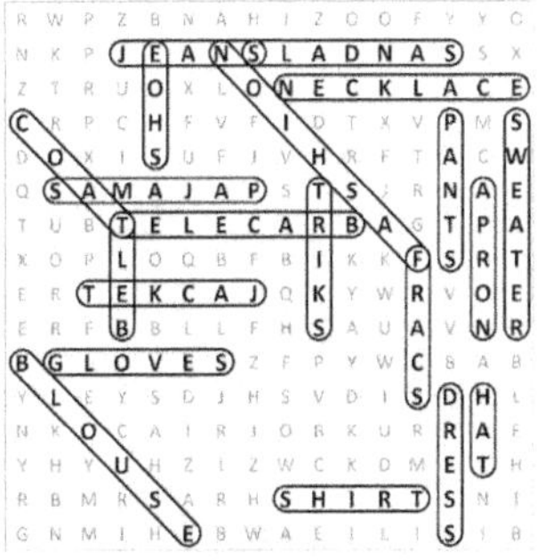

37 - Méditation

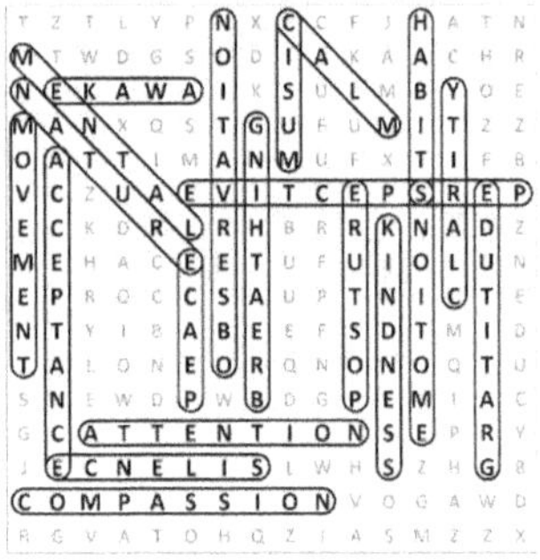

38 - Littérature

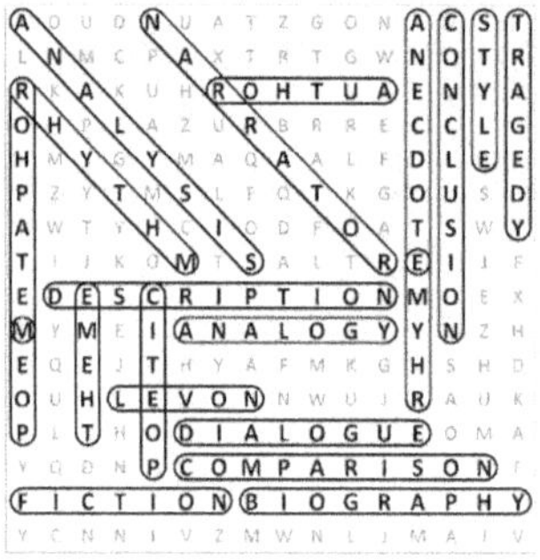

39 - Nourriture #1

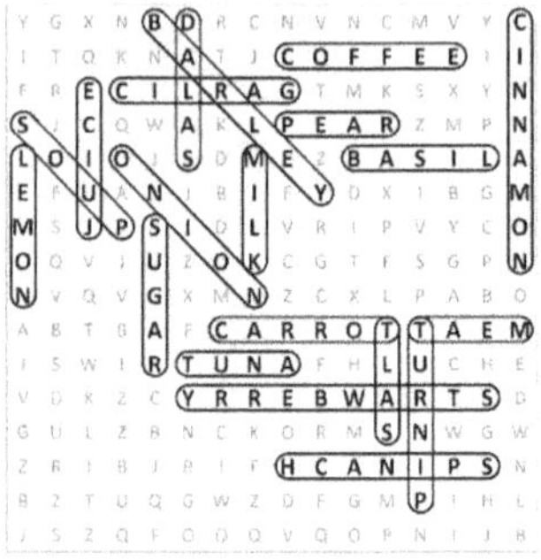

40 - Jours et Mois

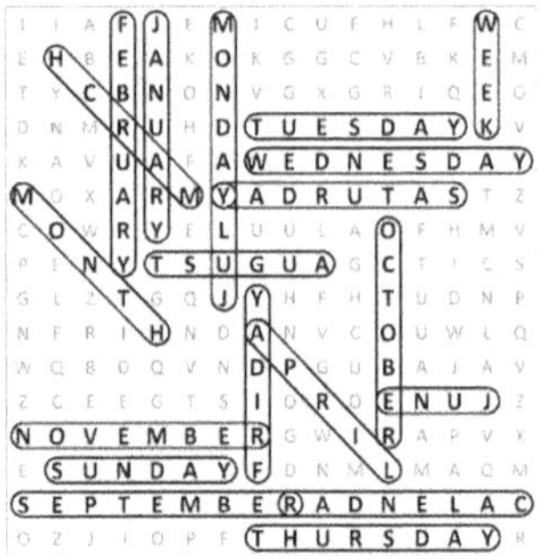

41 - Jardinage

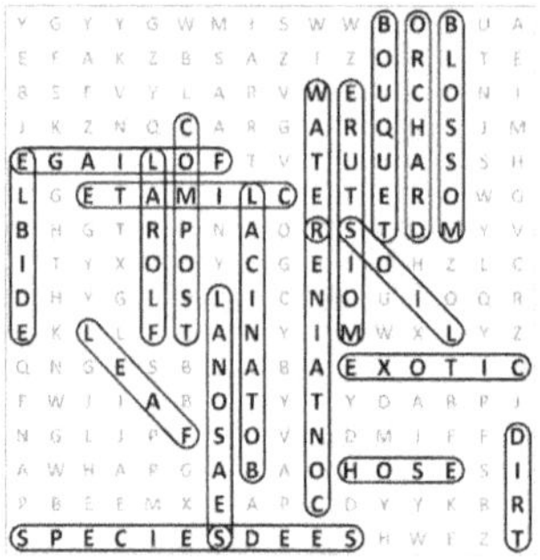

42 - Entreprise

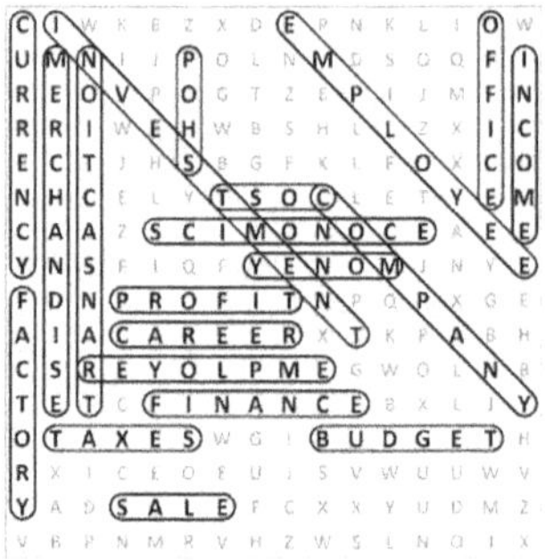

43 - Activités

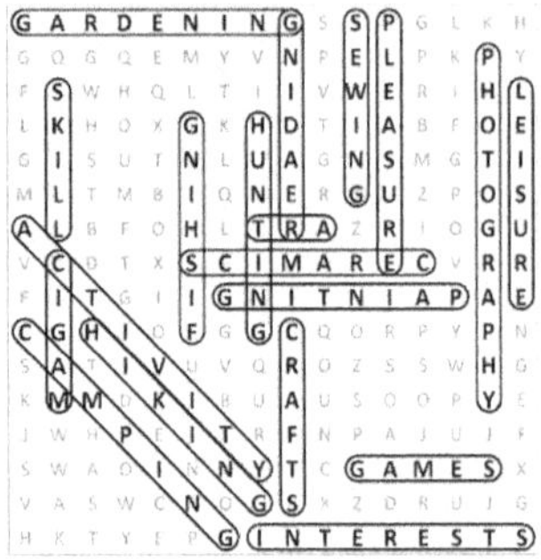

44 - Mode

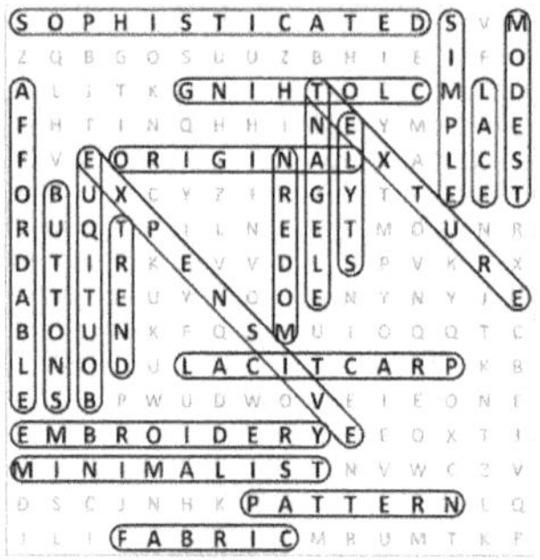

45 - Fleurs

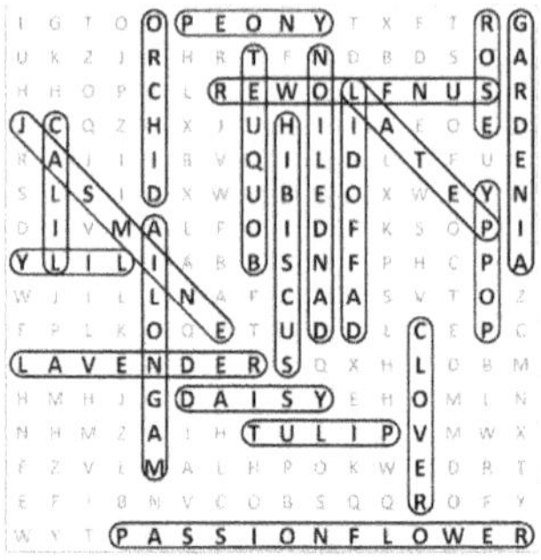

46 - Nourriture #2

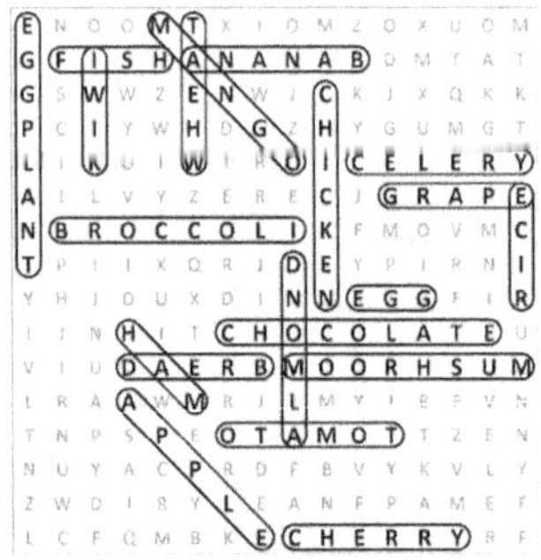

47 - Algèbre

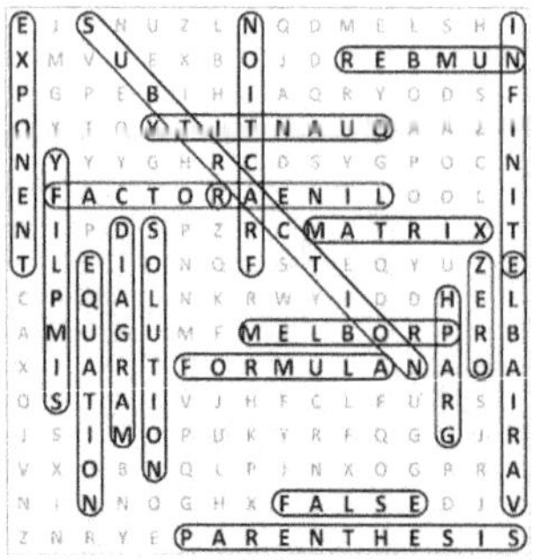

48 - Océan

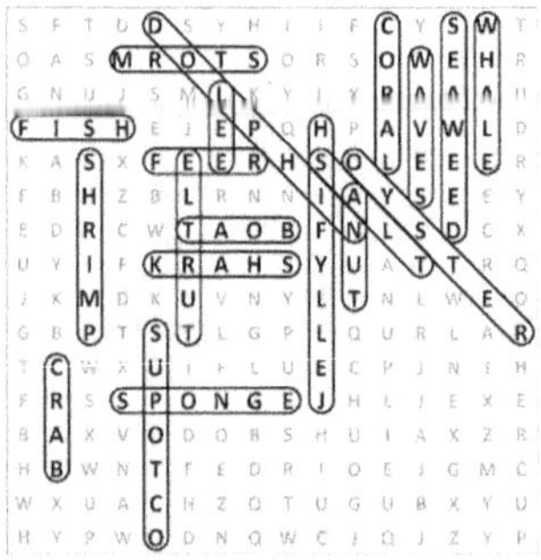

49 - Antiquités

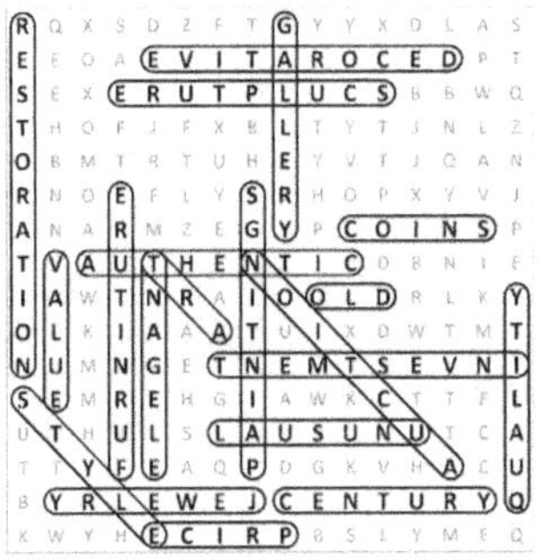

50 - Boxe

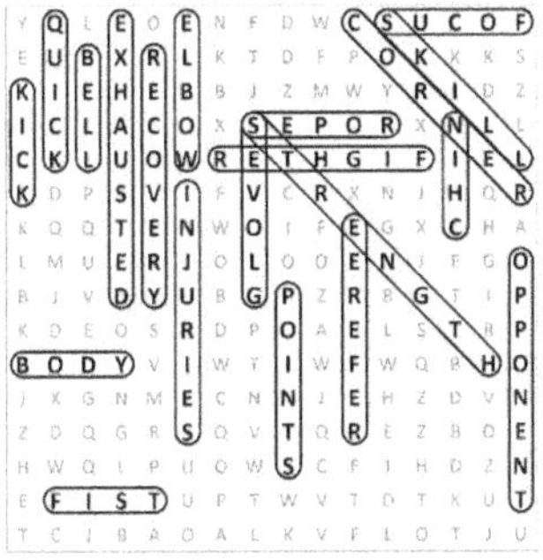

51 - Réchauffement Cli

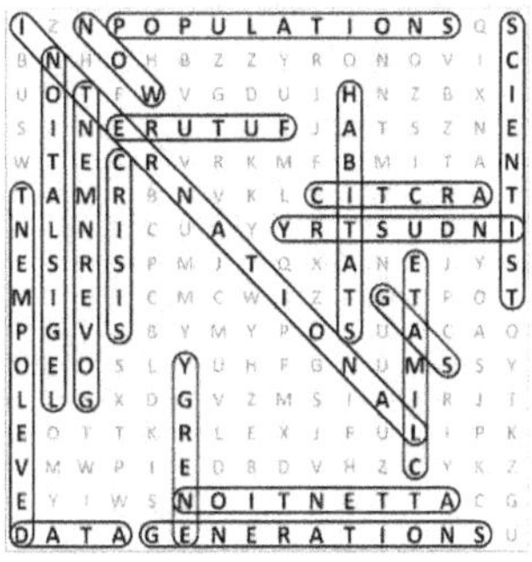

52 - Ballet

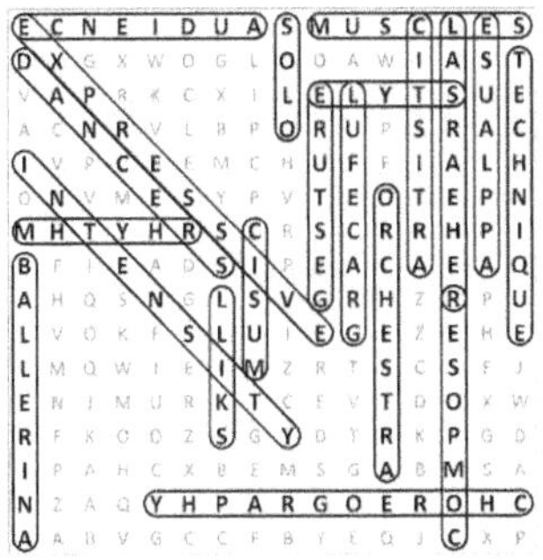

53 - Fruit

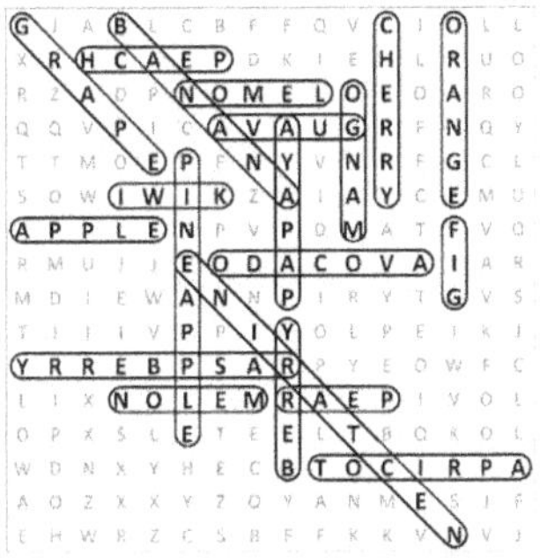

54 - Technologie

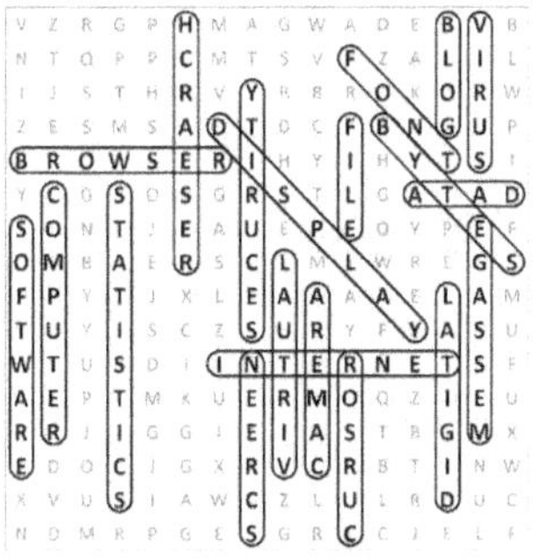

55 - Musique

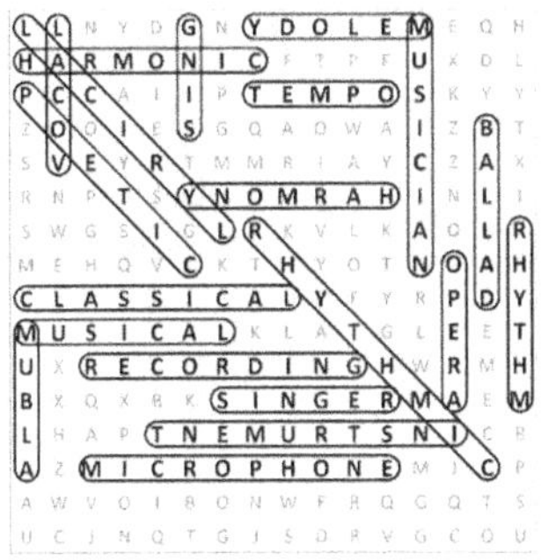

56 - Gouvernement

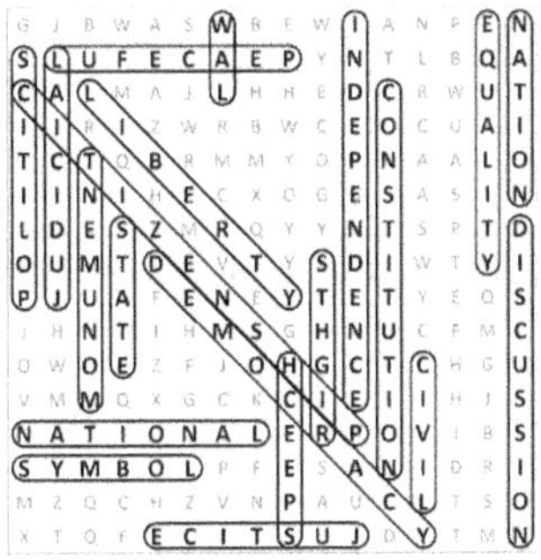

57 - Randonnée

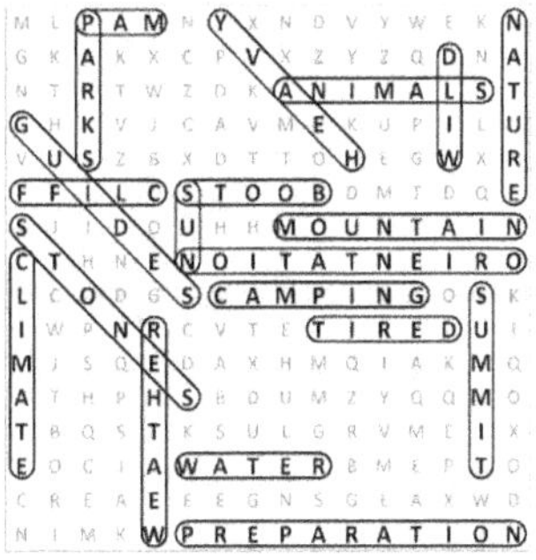

58 - Art

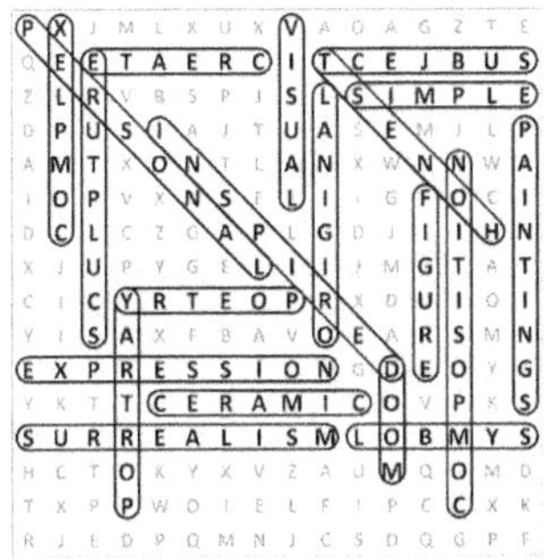

59 - Nutrition

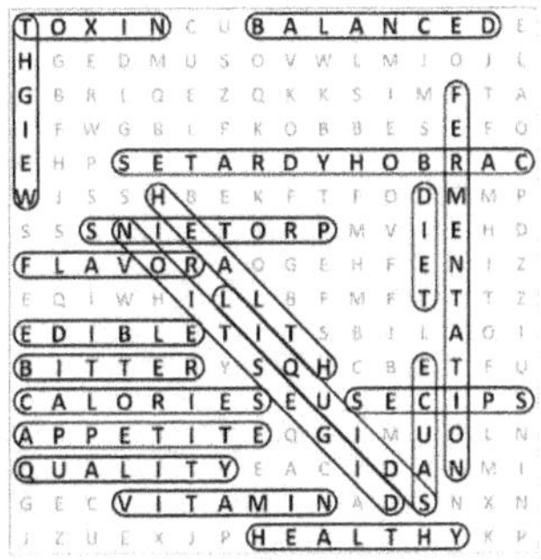

60 - Créativité

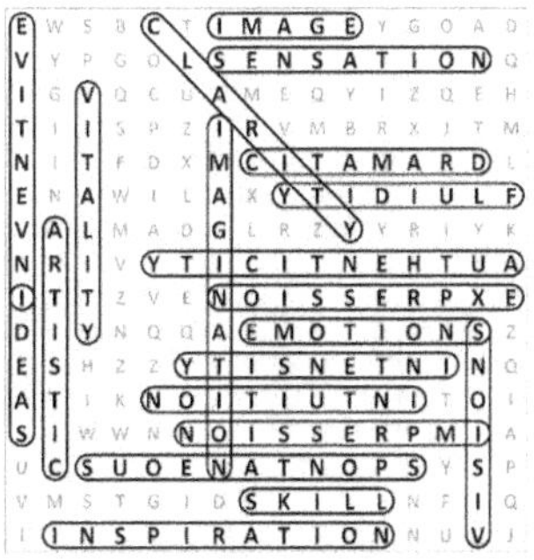

61 - Science Fiction

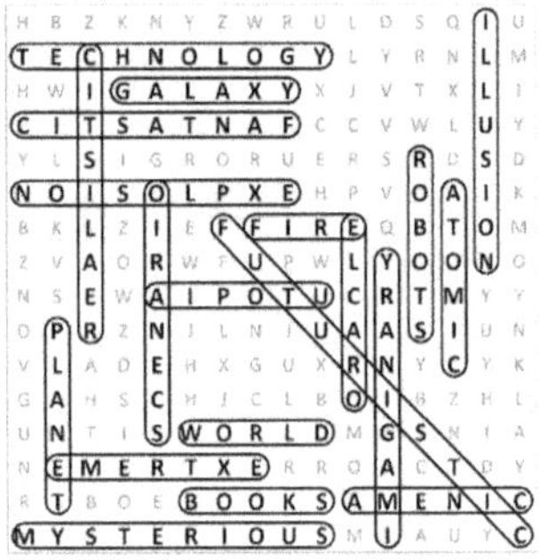

62 - Professions #1

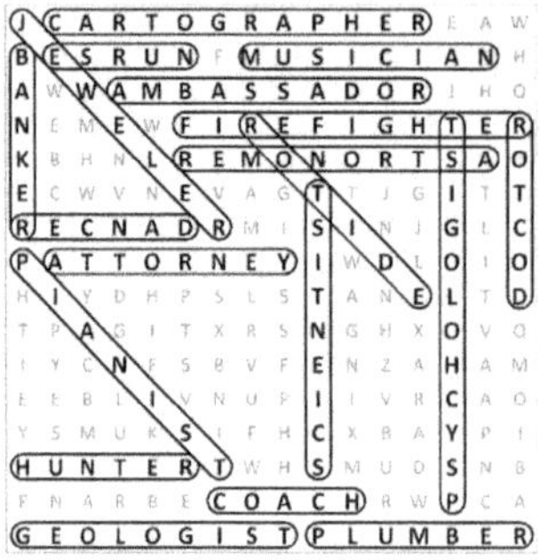

63 - Géologie

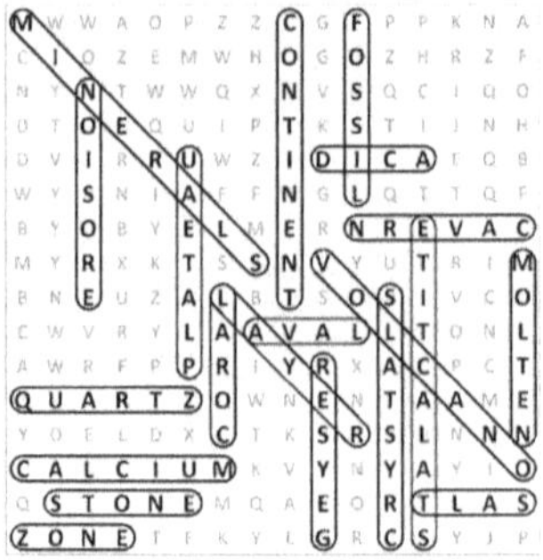

64 - Jardin

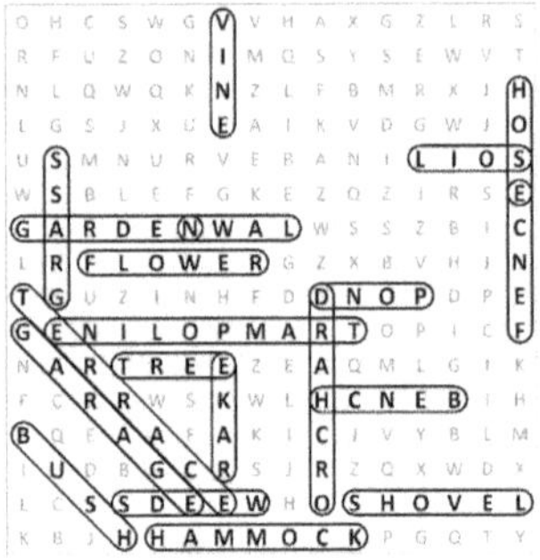

65 - Santé et Bien Être #1

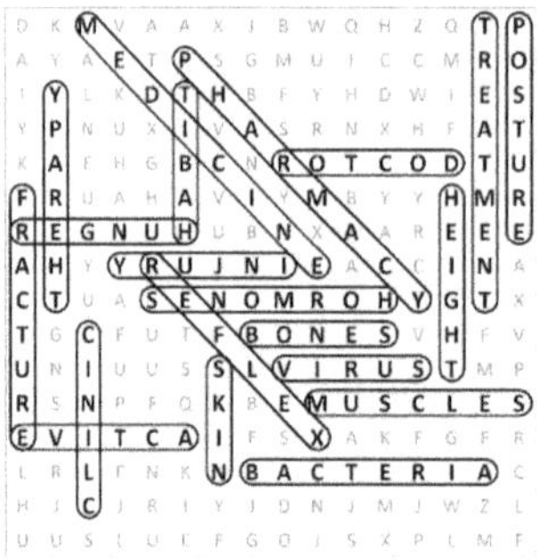

66 - Barbecues

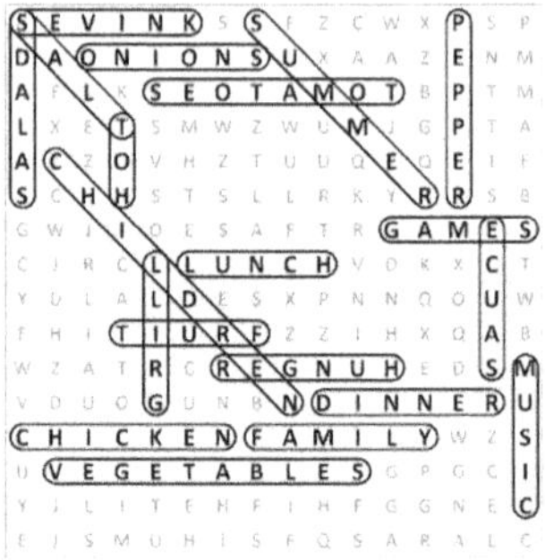

67 - Forêt Tropicale

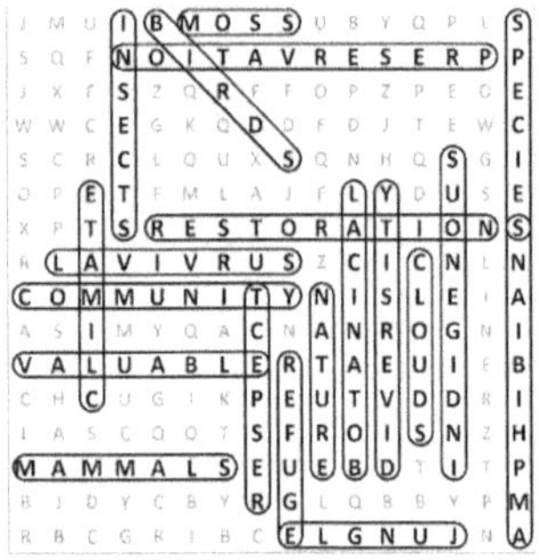

68 - Insectes

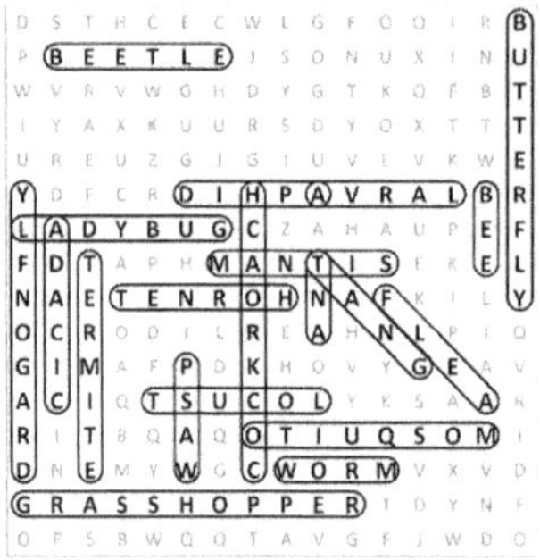

69 - Ferme #1

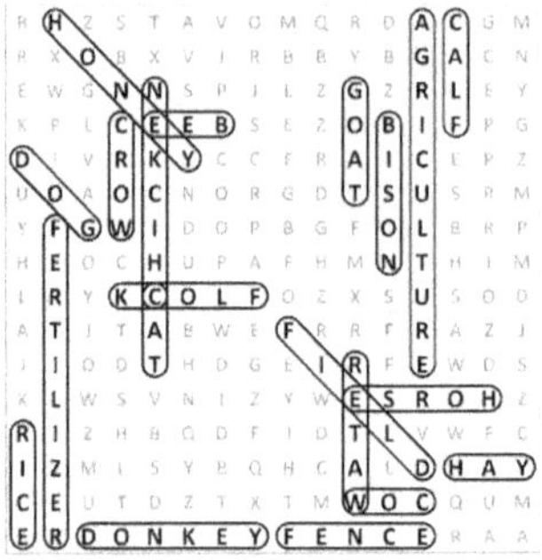

70 - Café

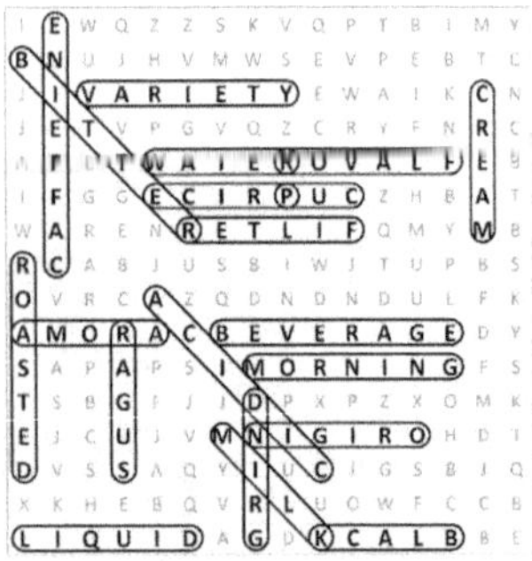

71 - Antarctique

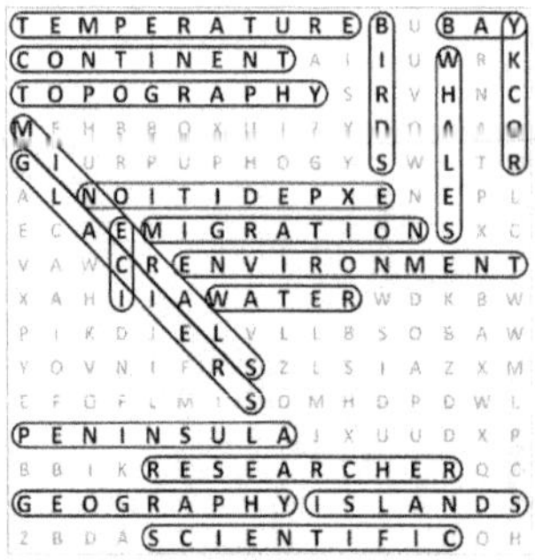

72 - Professions #2

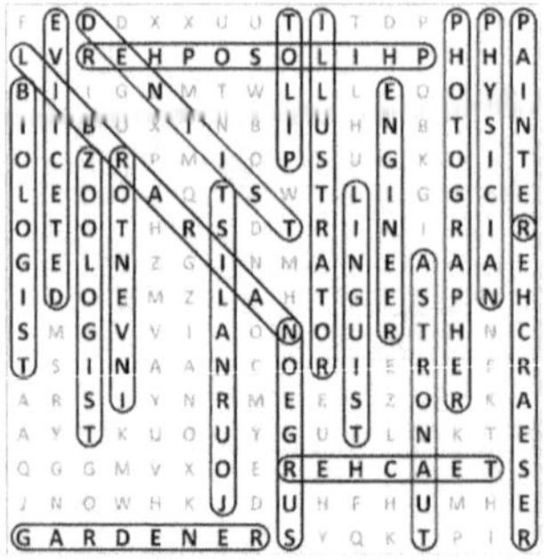

73 - Les Abeilles

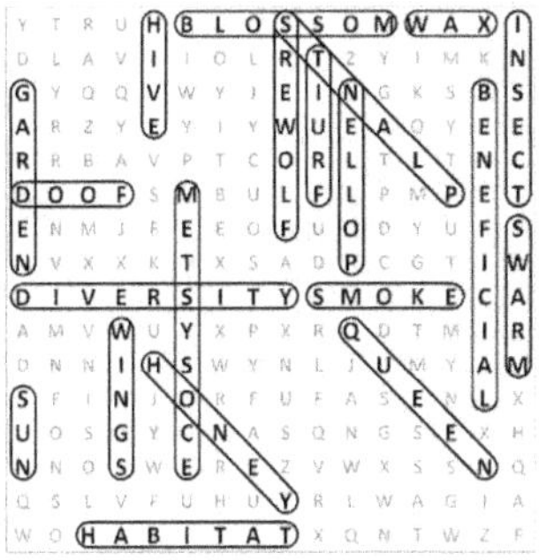

74 - Santé et Bien Être #2

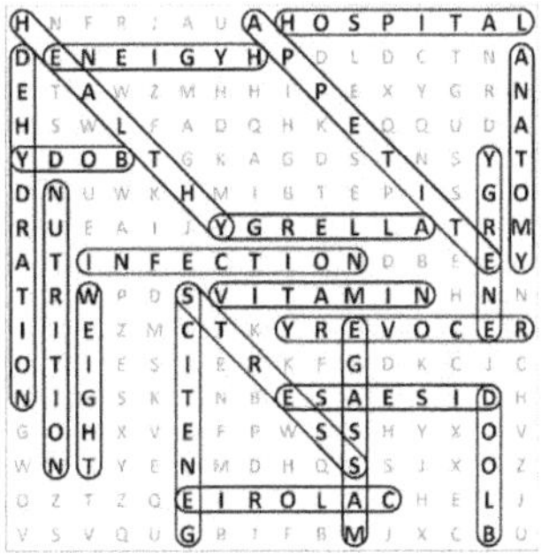

75 - Conduite

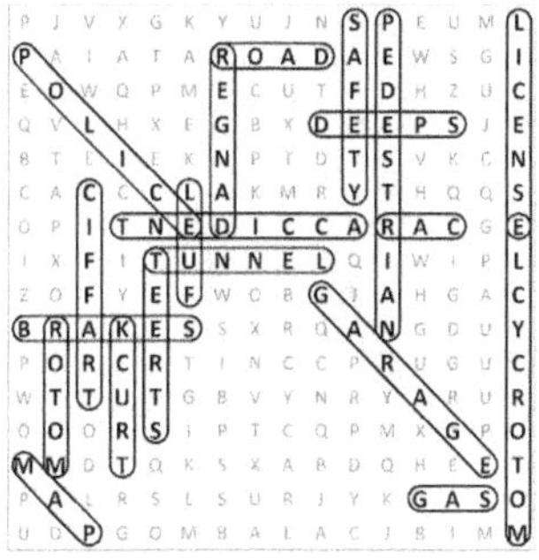

76 - Plantes

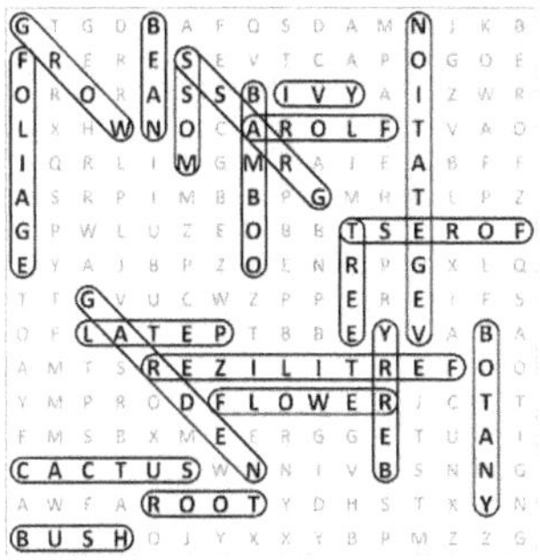

77 - Ferme #2

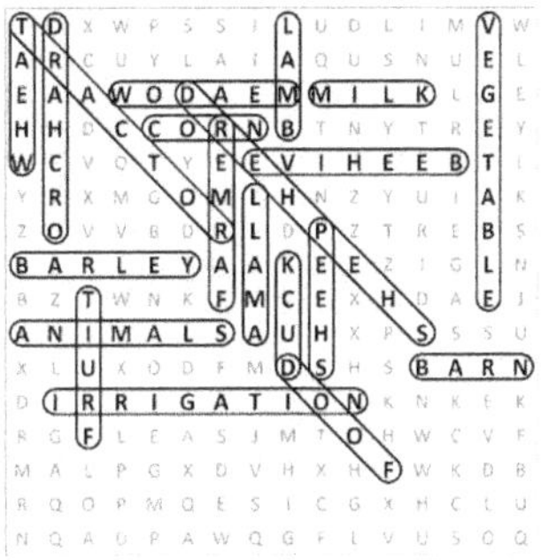

78 - Éthique

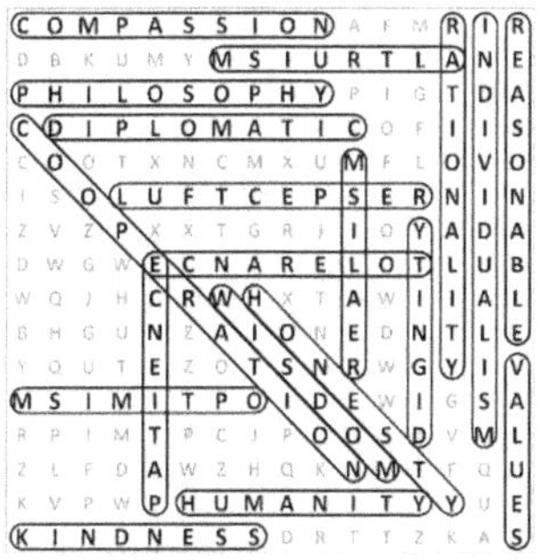

79 - Maison

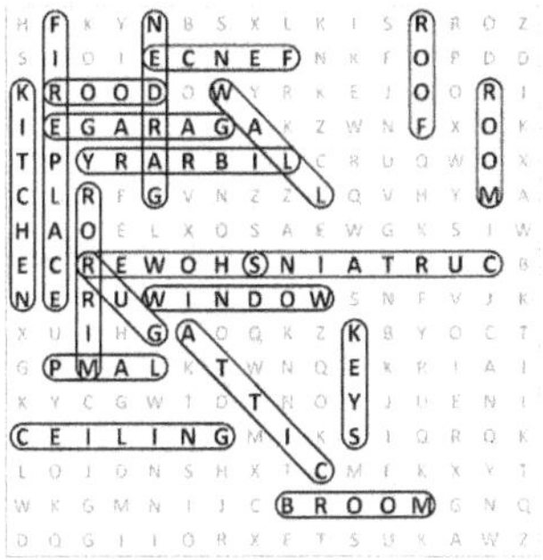

80 - Famille

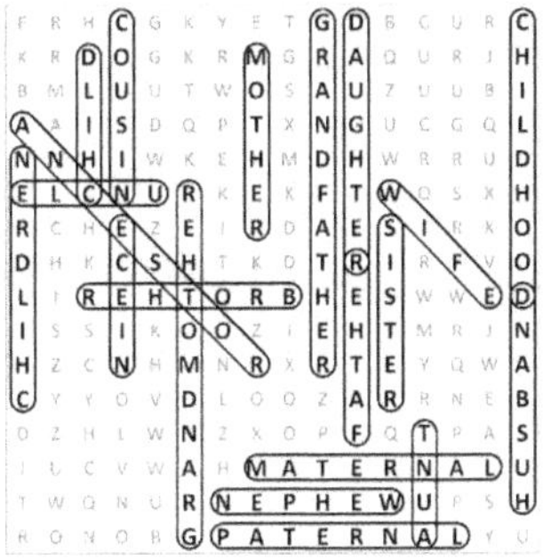

81 - Oiseaux

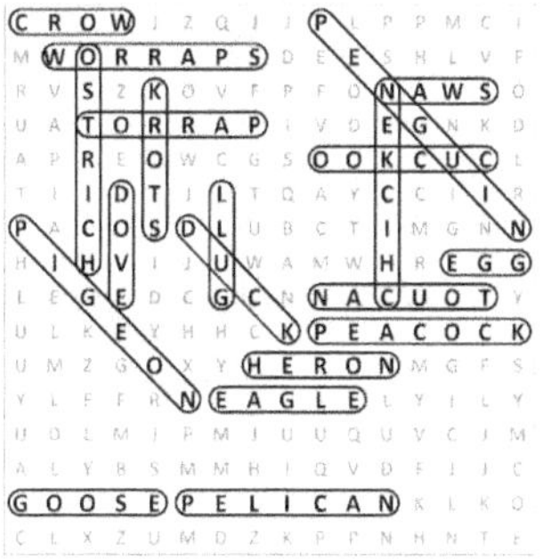

82 - Disciplines Scientifiques

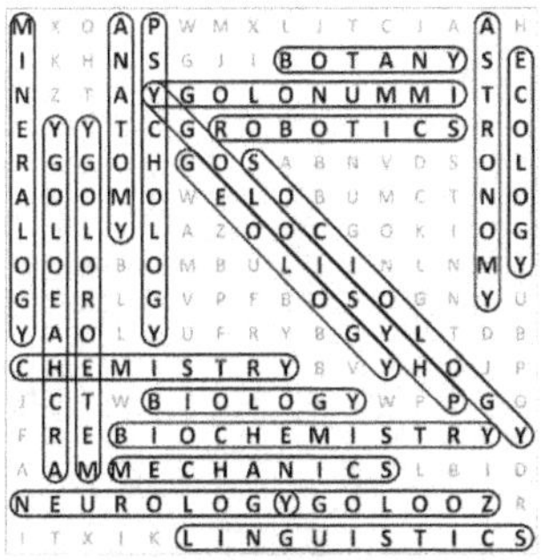

83 - Maladie

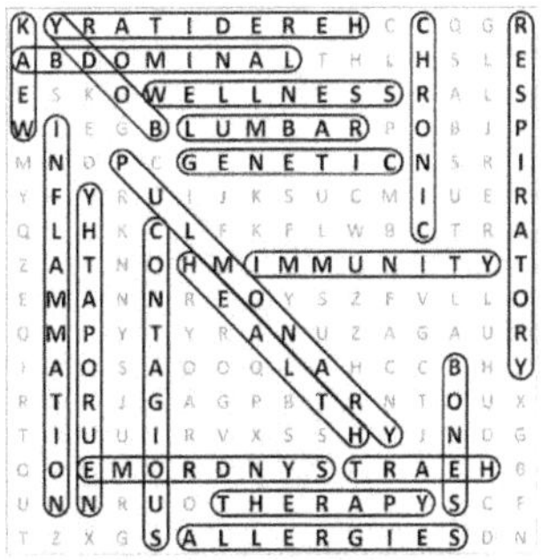

84 - Émotions

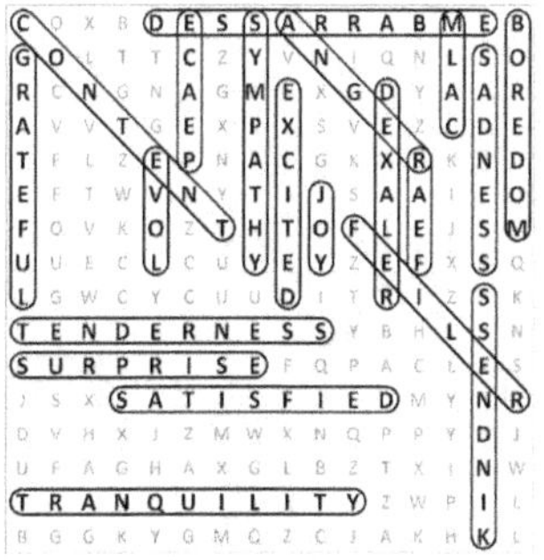

85 - Géographie

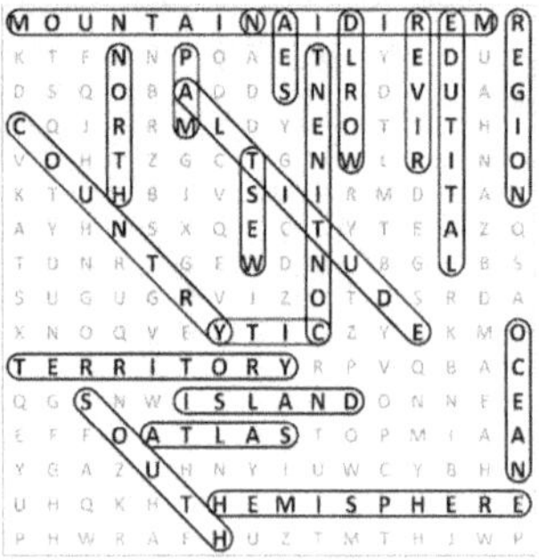

86 - Danse

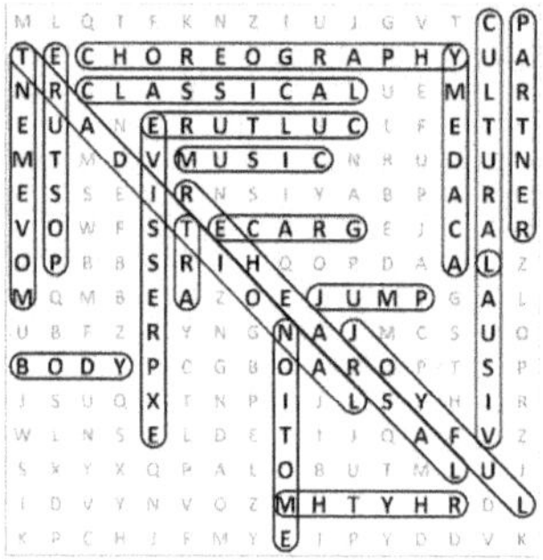

87 - Bâtiments

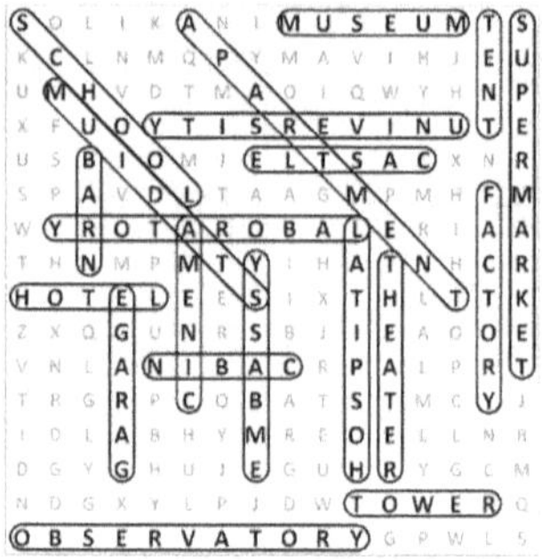

88 - Activités et Loisirs

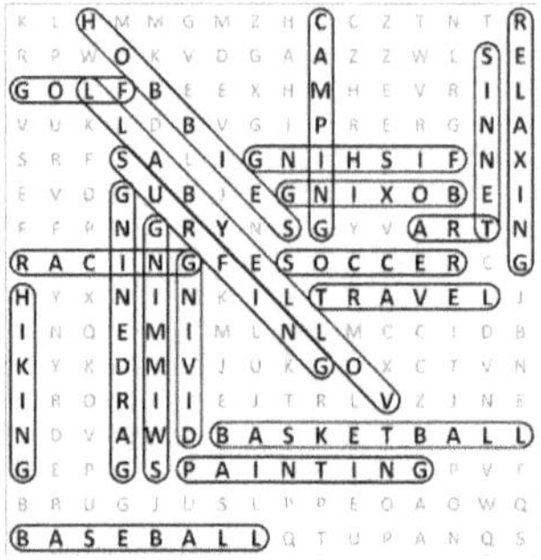

89 - Livres

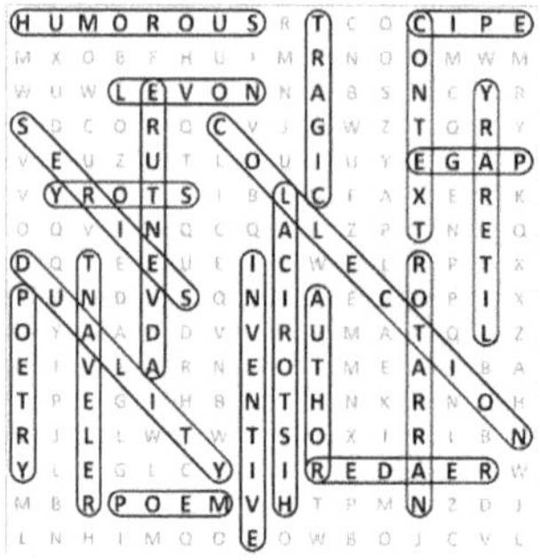

90 - Pays #2

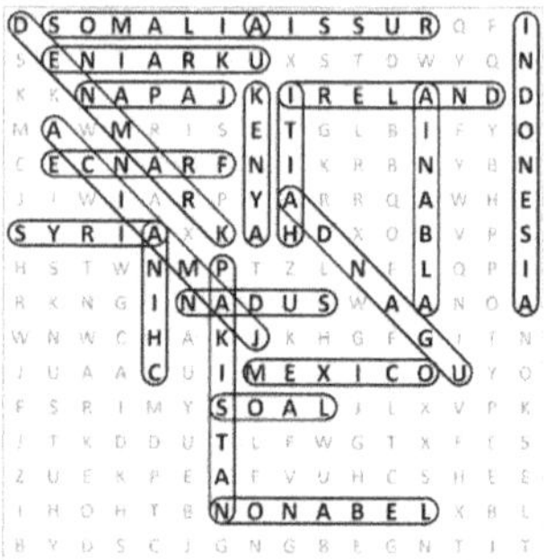

91 - Fournitures d'Art

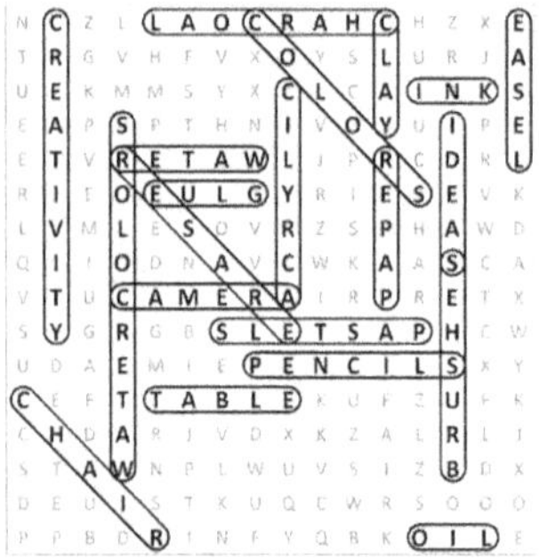

92 - Jazz

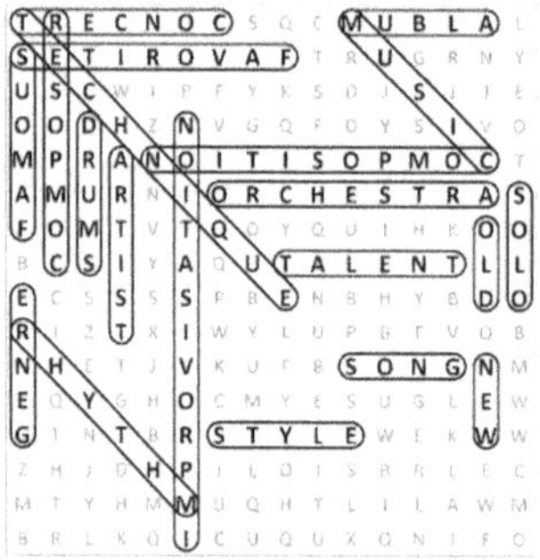

93 - Paysages

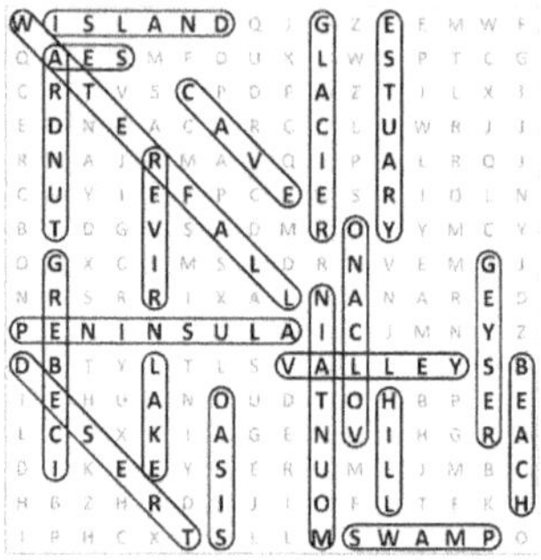

94 - Pays #1

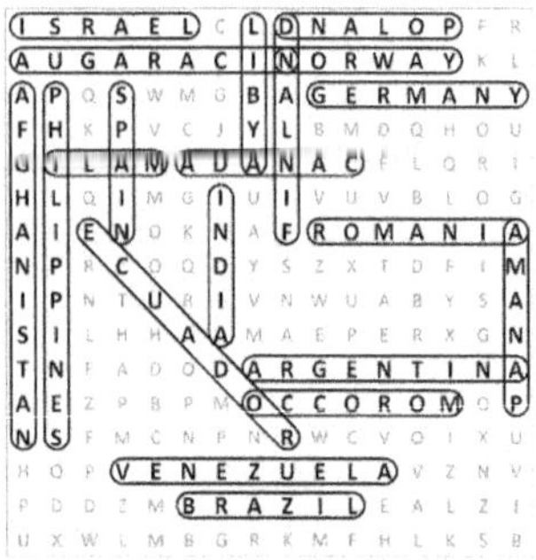

95 - Nombres

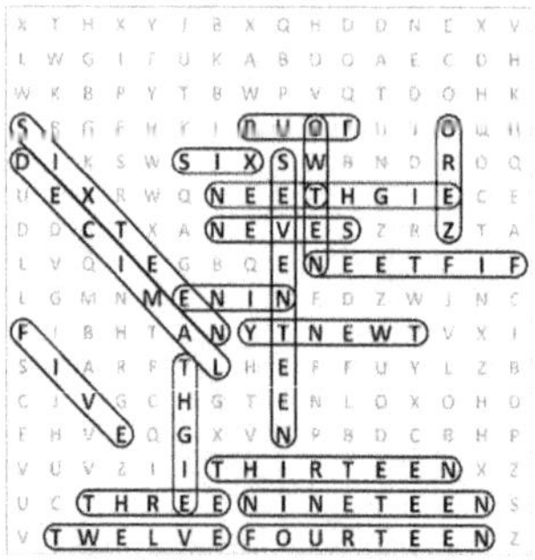

96 - Psychologie

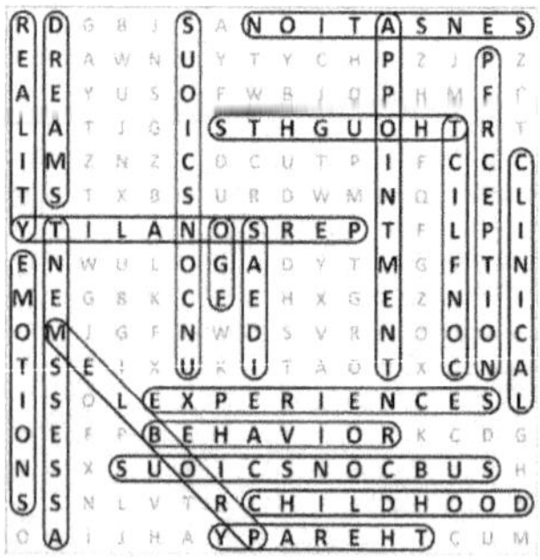

97 - Nature

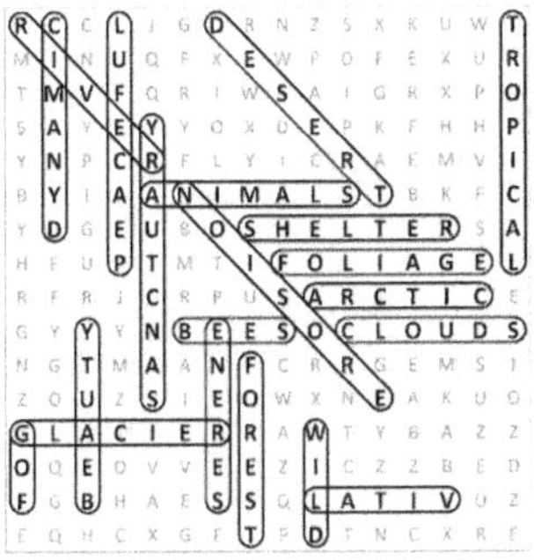

98 - Chimie

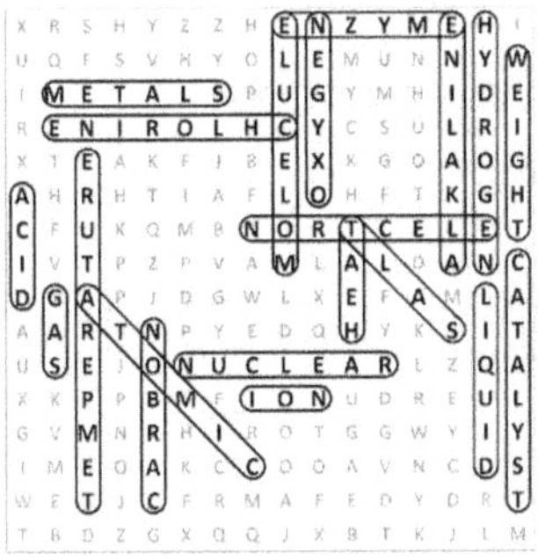

99 - Bateaux

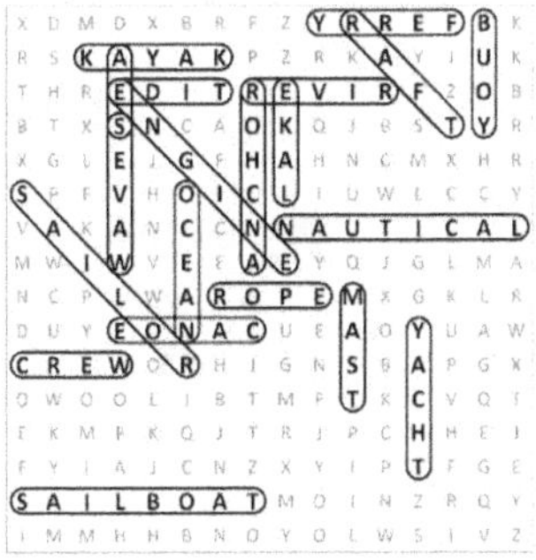

100 - Mesures

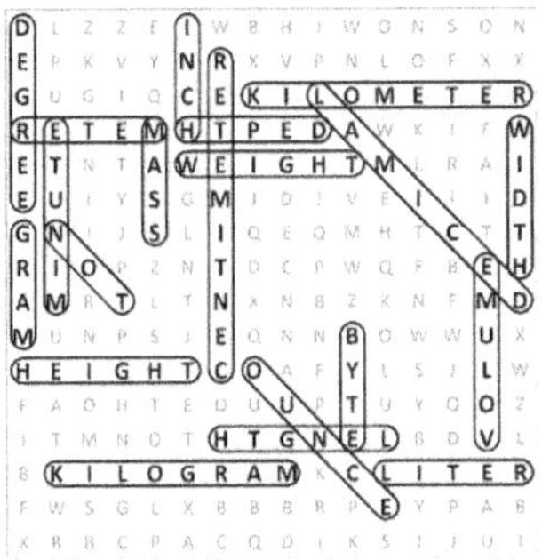

Dictionnaire

Activités
Activities

Activité	Activity
Art	Art
Artisanat	Crafts
Camping	Camping
Céramique	Ceramics
Chasse	Hunting
Compétence	Skill
Couture	Sewing
Intérêts	Interests
Jardinage	Gardening
Jeux	Games
Lecture	Reading
Loisir	Leisure
Magie	Magic
Peinture	Painting
Pêche	Fishing
Photographie	Photography
Plaisir	Pleasure
Randonnée	Hiking
Relaxation	Relaxation

Activités et Loisirs
Activities and Leisure

Art	Art
Base-Ball	Baseball
Basket-Ball	Basketball
Boxe	Boxing
Camping	Camping
Course	Racing
Football	Soccer
Golf	Golf
Jardinage	Gardening
Nager	Swimming
Passe-Temps	Hobbies
Peinture	Painting
Pêche	Fishing
Plongée	Diving
Randonnée	Hiking
Relaxant	Relaxing
Surf	Surfing
Tennis	Tennis
Volley-Ball	Volleyball
Voyage	Travel

Adjectifs #1
Adjectives #1

Absolu	Absolute
Actif	Active
Ambitieux	Ambitious
Aromatique	Aromatic
Artistique	Artistic
Attractif	Attractive
Beau	Beautiful
Exotique	Exotic
Énorme	Huge
Généreux	Generous
Honnête	Honest
Identique	Identical
Important	Important
Innocent	Innocent
Jeune	Young
Lent	Slow
Lourd	Heavy
Mince	Thin
Moderne	Modern
Parfait	Perfect

Adjectifs #2
Adjectives #2

Authentique	Authentic
Célèbre	Famous
Créatif	Creative
Descriptif	Descriptive
Doué	Gifted
Dramatique	Dramatic
Élégant	Elegant
Fier	Proud
Fort	Strong
Intéressant	Interesting
Naturel	Natural
Nouveau	New
Productif	Productive
Puissant	Powerful
Pur	Pure
Responsable	Responsible
Sain	Healthy
Salé	Salty
Sauvage	Wild
Sec	Dry

Agronomie
Agronomy

Agriculture	Agriculture
Croissance	Growth
Eau	Water
Engrais	Fertilizer
Environnement	Environment
Écologie	Ecology
Énergie	Energy
Érosion	Erosion
Étude	Study
Graines	Seeds
Légumes	Vegetables
Maladies	Diseases
Nourriture	Food
Pollution	Pollution
Production	Production
Recherche	Research
Rural	Rural
Science	Science
Sol	Soil
Systèmes	Systems

Algèbre
Algebra

Diagramme	Diagram
Exposant	Exponent
Équation	Equation
Facteur	Factor
Faux	False
Formule	Formula
Fraction	Fraction
Graphique	Graph
Infini	Infinite
Linéaire	Linear
Matrice	Matrix
Nombre	Number
Parenthèse	Parenthesis
Problème	Problem
Quantité	Quantity
Simplifier	Simplify
Solution	Solution
Soustraction	Subtraction
Variable	Variable
Zéro	Zero

Antarctique
Antarctica

Baie	Bay
Baleines	Whales
Chercheur	Researcher
Conservation	Conservation
Continent	Continent
Eau	Water
Environnement	Environment
Expédition	Expedition
Géographie	Geography
Glace	Ice
Glaciers	Glaciers
Îles	Islands
Migration	Migration
Minéraux	Minerals
Oiseaux	Birds
Péninsule	Peninsula
Rocheux	Rocky
Scientifique	Scientific
Température	Temperature
Topographie	Topography

Antiquités
Antiques

Art	Art
Authentique	Authentic
Bijoux	Jewelry
Décoratif	Decorative
Enchères	Auction
Élégant	Elegant
Galerie	Gallery
Inhabituel	Unusual
Investissement	Investment
Meubles	Furniture
Peintures	Paintings
Pièces	Coins
Prix	Price
Qualité	Quality
Restauration	Restoration
Sculpture	Sculpture
Siècle	Century
Style	Style
Valeur	Value
Vieux	Old

Archéologie
Archeology

Analyse	Analysis
Antiquité	Antiquity
Chercheur	Researcher
Civilisation	Civilization
Descendant	Descendant
Expert	Expert
Ère	Era
Équipe	Team
Évaluation	Evaluation
Fossile	Fossil
Inconnu	Unknown
Mystère	Mystery
Objets	Objects
Os	Bones
Oublié	Forgotten
Poterie	Pottery
Professeur	Professor
Relique	Relic
Temple	Temple
Tombe	Tomb

Art
Art

Céramique	Ceramic
Complexe	Complex
Composition	Composition
Créer	Create
Dépeindre	Portray
Expression	Expression
Figure	Figure
Honnête	Honest
Humeur	Mood
Inspiré	Inspired
Original	Original
Peintures	Paintings
Personnel	Personal
Poésie	Poetry
Sculpture	Sculpture
Simple	Simple
Sujet	Subject
Surréalisme	Surrealism
Symbole	Symbol
Visuel	Visual

Astronomie
Astronomy

Astéroïde	Asteroid
Astronaute	Astronaut
Astronome	Astronomer
Ciel	Sky
Constellation	Constellation
Cosmos	Cosmos
Éclipse	Eclipse
Équinoxe	Equinox
Fusée	Rocket
Galaxie	Galaxy
Lune	Moon
Météore	Meteor
Nébuleuse	Nebula
Observatoire	Observatory
Planète	Planet
Radiation	Radiation
Solaire	Solar
Supernova	Supernova
Terre	Earth
Univers	Universe

Aventure
Adventure

Activité	Activity
Beauté	Beauty
Bravoure	Bravery
Chance	Chance
Dangereux	Dangerous
Destination	Destination
Difficulté	Difficulty
Enthousiasme	Enthusiasm
Excursion	Excursion
Inhabituel	Unusual
Itinéraire	Itinerary
Joie	Joy
Nature	Nature
Navigation	Navigation
Nouveau	New
Opportunité	Opportunity
Préparation	Preparation
Sécurité	Safety
Surprenant	Surprising
Voyages	Travels

Avions
Airplanes

Air	Air
Altitude	Altitude
Atmosphère	Atmosphere
Atterrissage	Landing
Aventure	Adventure
Ballon	Balloon
Carburant	Fuel
Ciel	Sky
Construction	Construction
Descente	Descent
Direction	Direction
Équipage	Crew
Gonfler	Inflate
Hauteur	Height
Histoire	History
Hydrogène	Hydrogen
Moteur	Engine
Passager	Passenger
Pilote	Pilot
Turbulence	Turbulence

Ballet
Ballet

Applaudissement	Applause
Artistique	Artistic
Ballerine	Ballerina
Chorégraphie	Choreography
Compétence	Skill
Compositeur	Composer
Danseurs	Dancers
Expressif	Expressive
Geste	Gesture
Gracieux	Graceful
Intensité	Intensity
Muscles	Muscles
Musique	Music
Orchestre	Orchestra
Public	Audience
Répétition	Rehearsal
Rythme	Rhythm
Solo	Solo
Style	Style
Technique	Technique

Barbecues
Barbecues

Chaud	Hot
Couteaux	Knives
Déjeuner	Lunch
Dîner	Dinner
Enfants	Children
Été	Summer
Faim	Hunger
Famille	Family
Fruit	Fruit
Gril	Grill
Jeux	Games
Légumes	Vegetables
Musique	Music
Oignons	Onions
Poivre	Pepper
Poulet	Chicken
Salades	Salads
Sauce	Sauce
Sel	Salt
Tomates	Tomatoes

Bateaux
Boats

Ancre	Anchor
Bouée	Buoy
Canoë	Canoe
Corde	Rope
Équipage	Crew
Ferry	Ferry
Fleuve	River
Kayak	Kayak
Lac	Lake
Marée	Tide
Marin	Sailor
Mât	Mast
Mer	Sea
Moteur	Engine
Nautique	Nautical
Océan	Ocean
Radeau	Raft
Vagues	Waves
Voilier	Sailboat
Yacht	Yacht

Bâtiments
Buildings

Ambassade	Embassy
Appartement	Apartment
Cabine	Cabin
Château	Castle
Cinéma	Cinema
École	School
Garage	Garage
Grange	Barn
Hôpital	Hospital
Hôtel	Hotel
Laboratoire	Laboratory
Musée	Museum
Observatoire	Observatory
Stade	Stadium
Supermarché	Supermarket
Tente	Tent
Théâtre	Theater
Tour	Tower
Université	University
Usine	Factory

Beauté
Beauty

Boucles	Curls
Charme	Charm
Ciseaux	Scissors
Cosmétique	Cosmetics
Couleur	Color
Élégance	Elegance
Élégant	Elegant
Grâce	Grace
Huiles	Oils
Lisse	Smooth
Maquillage	Makeup
Mascara	Mascara
Miroir	Mirror
Parfum	Fragrance
Peau	Skin
Photogénique	Photogenic
Rouge à Lèvres	Lipstick
Services	Services
Shampooing	Shampoo
Styliste	Stylist

Biologie
Biology

Anatomie	Anatomy
Bactéries	Bacteria
Cellule	Cell
Chromosome	Chromosome
Collagène	Collagen
Embryon	Embryo
Enzyme	Enzyme
Évolution	Evolution
Hormone	Hormone
Mammifère	Mammal
Mutation	Mutation
Naturel	Natural
Nerf	Nerve
Neurone	Neuron
Osmose	Osmosis
Protéine	Protein
Reptile	Reptile
Respiration	Respiration
Symbiose	Symbiosis
Synapse	Synapse

Boxe
Boxing

Adversaire	Opponent
Arbitre	Referee
Blessures	Injuries
Cloche	Bell
Coin	Corner
Combattant	Fighter
Compétence	Skill
Concentrer	Focus
Cordes	Ropes
Corps	Body
Coude	Elbow
Coup	Kick
Épuisé	Exhausted
Force	Strength
Gants	Gloves
Menton	Chin
Poing	Fist
Points	Points
Rapide	Quick
Récupération	Recovery

Café
Coffee

Acide	Acidic
Amer	Bitter
Arôme	Aroma
Boisson	Beverage
Caféine	Caffeine
Crème	Cream
Eau	Water
Filtre	Filter
Lait	Milk
Liquide	Liquid
Matin	Morning
Moudre	Grind
Noir	Black
Origine	Origin
Prix	Price
Rôti	Roasted
Saveur	Flavor
Sucre	Sugar
Tasse	Cup
Variété	Variety

Camping
Camping

Animaux	Animals
Aventure	Adventure
Boussole	Compass
Cabine	Cabin
Canoë	Canoe
Carte	Map
Chapeau	Hat
Chasse	Hunting
Corde	Rope
Équipement	Equipment
Feu	Fire
Forêt	Forest
Hamac	Hammock
Insecte	Insect
Lac	Lake
Lanterne	Lantern
Lune	Moon
Montagne	Mountain
Nature	Nature
Tente	Tent

Chimie
Chemistry

Acide	Acid
Alcalin	Alkaline
Atomique	Atomic
Carbone	Carbon
Catalyseur	Catalyst
Chaleur	Heat
Chlore	Chlorine
Enzyme	Enzyme
Électron	Electron
Gaz	Gas
Hydrogène	Hydrogen
Ion	Ion
Liquide	Liquid
Métaux	Metals
Molécule	Molecule
Nucléaire	Nuclear
Oxygène	Oxygen
Poids	Weight
Sel	Salt
Température	Temperature

Chocolat
Chocolate

Amer	Bitter
Antioxydant	Antioxidant
Arôme	Aroma
Bonbon	Candy
Cacahuètes	Peanuts
Cacao	Cacao
Calories	Calories
Caramel	Caramel
Délicieux	Delicious
Doux	Sweet
Exotique	Exotic
Favori	Favorite
Goût	Taste
Ingrédient	Ingredient
Noix de Coco	Coconut
Poudre	Powder
Qualité	Quality
Recette	Recipe
Saveur	Flavor
Sucre	Sugar

Conduite
Driving

Accident	Accident
Camion	Truck
Carburant	Fuel
Carte	Map
Danger	Danger
Freins	Brakes
Garage	Garage
Gaz	Gas
Licence	License
Moteur	Motor
Moto	Motorcycle
Piéton	Pedestrian
Police	Police
Route	Road
Rue	Street
Sécurité	Safety
Trafic	Traffic
Tunnel	Tunnel
Vitesse	Speed
Voiture	Car

Corps Humain
Human Body

Bouche	Mouth
Cerveau	Brain
Cheville	Ankle
Cou	Neck
Coude	Elbow
Cœur	Heart
Doigt	Finger
Estomac	Stomach
Épaule	Shoulder
Genou	Knee
Lèvres	Lips
Main	Hand
Mâchoire	Jaw
Menton	Chin
Nez	Nose
Oreille	Ear
Peau	Skin
Sang	Blood
Tête	Head
Visage	Face

Créativité
Creativity

Artistique	Artistic
Authenticité	Authenticity
Clarté	Clarity
Compétence	Skill
Dramatique	Dramatic
Expression	Expression
Émotions	Emotions
Fluidité	Fluidity
Idées	Ideas
Image	Image
Imagination	Imagination
Impression	Impression
Inspiration	Inspiration
Intensité	Intensity
Intuition	Intuition
Inventif	Inventive
Sensation	Sensation
Spontané	Spontaneous
Visions	Visions
Vitalité	Vitality

Cuisine
Kitchen

Baguettes	Chopsticks
Bol	Bowl
Bouilloire	Kettle
Congélateur	Freezer
Couteaux	Knives
Cruche	Jug
Cuillères	Spoons
Épices	Spices
Éponge	Sponge
Four	Oven
Fourchettes	Forks
Gril	Grill
Louche	Ladle
Nourriture	Food
Pot	Jar
Recette	Recipe
Réfrigérateur	Refrigerator
Serviette	Napkin
Tablier	Apron
Tasses	Cups

Danse
Dance

Académie	Academy
Art	Art
Chorégraphie	Choreography
Classique	Classical
Corps	Body
Culture	Culture
Culturel	Cultural
Expressif	Expressive
Émotion	Emotion
Grâce	Grace
Joyeux	Joyful
Mouvement	Movement
Musique	Music
Partenaire	Partner
Posture	Posture
Répétition	Rehearsal
Rythme	Rhythm
Saut	Jump
Traditionnel	Traditional
Visuel	Visual

Diplomatie
Diplomacy

Ambassade	Embassy
Ambassadeur	Ambassador
Citoyens	Citizens
Communauté	Community
Conflit	Conflict
Conseiller	Adviser
Coopération	Cooperation
Diplomatique	Diplomatic
Discussion	Discussion
Éthique	Ethics
Étranger	Foreign
Gouvernement	Government
Humanitaire	Humanitarian
Intégrité	Integrity
Justice	Justice
Politique	Politics
Résolution	Resolution
Sécurité	Security
Solution	Solution
Traité	Treaty

Disciplines Scientifiques
Scientific Disciplines

Anatomie	Anatomy
Archéologie	Archaeology
Astronomie	Astronomy
Biochimie	Biochemistry
Biologie	Biology
Botanique	Botany
Chimie	Chemistry
Écologie	Ecology
Géologie	Geology
Immunologie	Immunology
Linguistique	Linguistics
Mécanique	Mechanics
Météorologie	Meteorology
Minéralogie	Mineralogy
Neurologie	Neurology
Physiologie	Physiology
Psychologie	Psychology
Robotique	Robotics
Sociologie	Sociology
Zoologie	Zoology

Entreprise
Business

Argent	Money
Boutique	Shop
Budget	Budget
Bureau	Office
Carrière	Career
Coût	Cost
Devise	Currency
Employeur	Employer
Employé	Employee
Entreprise	Company
Économie	Economics
Finance	Finance
Impôts	Taxes
Investissement	Investment
Marchandise	Merchandise
Profit	Profit
Revenu	Income
Transaction	Transaction
Usine	Factory
Vente	Sale

Échecs
Chess

Adversaire	Opponent
Apprendre	To Learn
Blanc	White
Champion	Champion
Concours	Contest
Défis	Challenges
Diagonal	Diagonal
Intelligent	Clever
Jeu	Game
Joueur	Player
Noir	Black
Passif	Passive
Points	Points
Reine	Queen
Règles	Rules
Roi	King
Sacrifice	Sacrifice
Stratégie	Strategy
Temps	Time
Tournoi	Tournament

Écologie
Ecology

Bénévoles	Volunteers
Climat	Climate
Communautés	Communities
Diversité	Diversity
Durable	Sustainable
Espèce	Species
Faune	Fauna
Flore	Flora
Habitat	Habitat
Marais	Marsh
Marin	Marine
Montagnes	Mountains
Nature	Nature
Naturel	Natural
Plantes	Plants
Ressources	Resources
Sécheresse	Drought
Survie	Survival
Variété	Variety
Végétation	Vegetation

Électricité
Electricity

Aimant	Magnet
Ampoule	Bulb
Batterie	Battery
Câble	Cable
Électricien	Electrician
Électrique	Electric
Équipement	Equipment
Fils	Wires
Générateur	Generator
Lampe	Lamp
Laser	Laser
Négatif	Negative
Objets	Objects
Positif	Positive
Prise	Socket
Quantité	Quantity
Réseau	Network
Stockage	Storage
Téléphone	Telephone
Télévision	Television

Émotions
Emotions

Amour	Love
Calme	Calm
Colère	Anger
Contenu	Content
Détendu	Relaxed
Embarrassé	Embarrassed
Ennui	Boredom
Excité	Excited
Gentillesse	Kindness
Joie	Joy
Paix	Peace
Peur	Fear
Reconnaissant	Grateful
Relief	Relief
Satisfait	Satisfied
Surprise	Surprise
Sympathie	Sympathy
Tendresse	Tenderness
Tranquillité	Tranquility
Tristesse	Sadness

Énergie
Energy

Batterie	Battery
Carbone	Carbon
Carburant	Fuel
Chaleur	Heat
Diesel	Diesel
Entropie	Entropy
Environnement	Environment
Essence	Gasoline
Électrique	Electric
Électron	Electron
Hydrogène	Hydrogen
Industrie	Industry
Moteur	Motor
Nucléaire	Nuclear
Photon	Photon
Pollution	Pollution
Renouvelable	Renewable
Soleil	Sun
Turbine	Turbine
Vent	Wind

Épices
Spices

Aigre	Sour
Ail	Garlic
Amer	Bitter
Anis	Anise
Cannelle	Cinnamon
Cardamome	Cardamom
Coriandre	Coriander
Cumin	Cumin
Curry	Curry
Fenouil	Fennel
Gingembre	Ginger
Muscade	Nutmeg
Oignon	Onion
Paprika	Paprika
Poivre	Pepper
Réglisse	Licorice
Safran	Saffron
Saveur	Flavor
Sel	Salt
Vanille	Vanilla

Éthique
Ethics

Altruisme	Altruism
Compassion	Compassion
Coopération	Cooperation
Dignité	Dignity
Diplomatique	Diplomatic
Gentillesse	Kindness
Honnêteté	Honesty
Humanité	Humanity
Individualisme	Individualism
Intégrité	Integrity
Optimisme	Optimism
Patience	Patience
Philosophie	Philosophy
Raisonnable	Reasonable
Rationalité	Rationality
Respectueux	Respectful
Réalisme	Realism
Sagesse	Wisdom
Tolérance	Tolerance
Valeurs	Values

Famille
Family

Ancêtre	Ancestor
Cousin	Cousin
Enfance	Childhood
Enfant	Child
Enfants	Children
Femme	Wife
Fille	Daughter
Frère	Brother
Grand-Mère	Grandmother
Grand-Père	Grandfather
Mari	Husband
Maternel	Maternal
Mère	Mother
Neveu	Nephew
Nièce	Niece
Oncle	Uncle
Paternel	Paternal
Père	Father
Soeur	Sister
Tante	Aunt

Ferme #1
Farm #1

Abeille	Bee
Agriculture	Agriculture
Âne	Donkey
Bison	Bison
Champ	Field
Chat	Cat
Cheval	Horse
Chèvre	Goat
Chien	Dog
Clôture	Fence
Corbeau	Crow
Eau	Water
Engrais	Fertilizer
Foin	Hay
Miel	Honey
Poulet	Chicken
Riz	Rice
Troupeau	Flock
Vache	Cow
Veau	Calf

Ferme #2
Farm #2

Agneau	Lamb
Agriculteur	Farmer
Animaux	Animals
Berger	Shepherd
Blé	Wheat
Canard	Duck
Fruit	Fruit
Grange	Barn
Irrigation	Irrigation
Lait	Milk
Lama	Llama
Légume	Vegetable
Maïs	Corn
Mouton	Sheep
Nourriture	Food
Orge	Barley
Pré	Meadow
Ruche	Beehive
Tracteur	Tractor
Verger	Orchard

Fleurs

Flowers

Bouquet	Bouquet
Gardénia	Gardenia
Hibiscus	Hibiscus
Jasmin	Jasmine
Jonquille	Daffodil
Lavande	Lavender
Lilas	Lilac
Lys	Lily
Magnolia	Magnolia
Marguerite	Daisy
Orchidée	Orchid
Passiflore	Passionflower
Pavot	Poppy
Pétale	Petal
Pissenlit	Dandelion
Pivoine	Peony
Rose	Rose
Tournesol	Sunflower
Trèfle	Clover
Tulipe	Tulip

Force et Gravité

Force and Gravity

Axe	Axis
Centre	Center
Découverte	Discovery
Distance	Distance
Dynamique	Dynamic
Expansion	Expansion
Friction	Friction
Impact	Impact
Magnétisme	Magnetism
Mécanique	Mechanics
Mouvement	Motion
Orbite	Orbit
Physique	Physics
Planètes	Planets
Poids	Weight
Pression	Pressure
Propriétés	Properties
Temps	Time
Universel	Universal
Vitesse	Speed

Forêt Tropicale

Rainforest

Amphibiens	Amphibians
Botanique	Botanical
Climat	Climate
Communauté	Community
Diversité	Diversity
Espèce	Species
Indigène	Indigenous
Insectes	Insects
Jungle	Jungle
Mammifères	Mammals
Mousse	Moss
Nature	Nature
Nuage	Clouds
Oiseaux	Birds
Précieux	Valuable
Préservation	Preservation
Refuge	Refuge
Respect	Respect
Restauration	Restoration
Survie	Survival

Formes

Shapes

Arc	Arc
Bords	Edges
Carré	Square
Cercle	Circle
Coin	Corner
Courbe	Curve
Cône	Cone
Côté	Side
Cube	Cube
Cylindre	Cylinder
Ellipse	Ellipse
Hyperbole	Hyperbola
Ligne	Line
Ovale	Oval
Polygone	Polygon
Prisme	Prism
Pyramide	Pyramid
Rectangle	Rectangle
Sphère	Sphere
Triangle	Triangle

Fournitures d'Art

Art Supplies

Acrylique	Acrylic
Aquarelles	Watercolors
Argile	Clay
Brosses	Brushes
Caméra	Camera
Chaise	Chair
Charbon	Charcoal
Chevalet	Easel
Colle	Glue
Couleurs	Colors
Crayons	Pencils
Créativité	Creativity
Eau	Water
Encre	Ink
Gomme	Eraser
Huile	Oil
Idées	Ideas
Papier	Paper
Pastels	Pastels
Table	Table

Fruit

Fruit

Abricot	Apricot
Ananas	Pineapple
Avocat	Avocado
Baie	Berry
Banane	Banana
Cerise	Cherry
Citron	Lemon
Figue	Fig
Framboise	Raspberry
Goyave	Guava
Kiwi	Kiwi
Mangue	Mango
Melon	Melon
Nectarine	Nectarine
Orange	Orange
Papaye	Papaya
Pêche	Peach
Poire	Pear
Pomme	Apple
Raisin	Grape

Géographie
Geography

Altitude	Altitude
Atlas	Atlas
Carte	Map
Continent	Continent
Fleuve	River
Hémisphère	Hemisphere
Île	Island
Latitude	Latitude
Mer	Sea
Méridien	Meridian
Monde	World
Montagne	Mountain
Nord	North
Océan	Ocean
Ouest	West
Pays	Country
Région	Region
Sud	South
Territoire	Territory
Ville	City

Géologie
Geology

Acide	Acid
Calcium	Calcium
Caverne	Cavern
Continent	Continent
Corail	Coral
Couche	Layer
Cristaux	Crystals
Érosion	Erosion
Fondu	Molten
Fossile	Fossil
Geyser	Geyser
Lave	Lava
Minéraux	Minerals
Pierre	Stone
Plateau	Plateau
Quartz	Quartz
Sel	Salt
Stalactite	Stalactite
Volcan	Volcano
Zone	Zone

Géométrie
Geometry

Angle	Angle
Calcul	Calculation
Cercle	Circle
Courbe	Curve
Diamètre	Diameter
Dimension	Dimension
Équation	Equation
Hauteur	Height
Logique	Logic
Masse	Mass
Médian	Median
Nombre	Number
Parallèle	Parallel
Proportion	Proportion
Segment	Segment
Surface	Surface
Symétrie	Symmetry
Théorie	Theory
Triangle	Triangle
Vertical	Vertical

Gouvernement
Government

Citoyenneté	Citizenship
Civil	Civil
Constitution	Constitution
Démocratie	Democracy
Discours	Speech
Discussion	Discussion
Droits	Rights
Égalité	Equality
État	State
Indépendance	Independence
Judiciaire	Judicial
Justice	Justice
Liberté	Liberty
Loi	Law
Monument	Monument
Nation	Nation
National	National
Paisible	Peaceful
Politique	Politics
Symbole	Symbol

Herboristerie
Herbalism

Ail	Garlic
Aromatique	Aromatic
Basilic	Basil
Bénéfique	Beneficial
Culinaire	Culinary
Estragon	Tarragon
Fenouil	Fennel
Fleur	Flower
Ingrédient	Ingredient
Jardin	Garden
Lavande	Lavender
Marjolaine	Marjoram
Menthe	Mint
Persil	Parsley
Qualité	Quality
Romarin	Rosemary
Safran	Saffron
Saveur	Flavor
Thym	Thyme
Vert	Green

Ingénierie
Engineering

Angle	Angle
Axe	Axis
Calcul	Calculation
Construction	Construction
Diagramme	Diagram
Diamètre	Diameter
Diesel	Diesel
Distribution	Distribution
Engrenages	Gears
Énergie	Energy
Force	Strength
Liquide	Liquid
Machine	Machine
Mesure	Measurement
Moteur	Motor
Profondeur	Depth
Propulsion	Propulsion
Rotation	Rotation
Stabilité	Stability
Structure	Structure

Insectes
Insects

Abeille	Bee
Cafard	Cockroach
Cigale	Cicada
Coccinelle	Ladybug
Criquet	Locust
Fourmi	Ant
Frelon	Hornet
Guêpe	Wasp
Larve	Larva
Libellule	Dragonfly
Mante	Mantis
Moucheron	Gnat
Moustique	Mosquito
Papillon	Butterfly
Puce	Flea
Puceron	Aphid
Sauterelle	Grasshopper
Scarabée	Beetle
Termite	Termite
Ver	Worm

Instruments de Musique
Musical Instruments

Banjo	Banjo
Basson	Bassoon
Clarinette	Clarinet
Flûte	Flute
Gong	Gong
Guitare	Guitar
Harmonica	Harmonica
Harpe	Harp
Hautbois	Oboe
Mandoline	Mandolin
Marimba	Marimba
Percussion	Percussion
Piano	Piano
Saxophone	Saxophone
Tambour	Drum
Tambourin	Tambourine
Trombone	Trombone
Trompette	Trumpet
Violon	Violin
Violoncelle	Cello

Jardin
Garden

Arbre	Tree
Banc	Bench
Buisson	Bush
Clôture	Fence
Étang	Pond
Fleur	Flower
Garage	Garage
Hamac	Hammock
Herbe	Grass
Jardin	Garden
Mauvaises Herbes	Weeds
Pelle	Shovel
Pelouse	Lawn
Râteau	Rake
Sol	Soil
Terrasse	Terrace
Trampoline	Trampoline
Tuyau	Hose
Verger	Orchard
Vigne	Vine

Jardinage
Gardening

Botanique	Botanical
Bouquet	Bouquet
Climat	Climate
Comestible	Edible
Compost	Compost
Eau	Water
Espèce	Species
Exotique	Exotic
Feuillage	Foliage
Feuille	Leaf
Fleur	Blossom
Floral	Floral
Graines	Seeds
Humidité	Moisture
Récipient	Container
Saisonnier	Seasonal
Saleté	Dirt
Sol	Soil
Tuyau	Hose
Verger	Orchard

Jazz
Jazz

Album	Album
Artiste	Artist
Célèbre	Famous
Chanson	Song
Compositeur	Composer
Composition	Composition
Concert	Concert
Favoris	Favorites
Genre	Genre
Improvisation	Improvisation
Musique	Music
Nouveau	New
Orchestre	Orchestra
Rythme	Rhythm
Solo	Solo
Style	Style
Talent	Talent
Tambours	Drums
Technique	Technique
Vieux	Old

Jours et Mois
Days and Months

Août	August
Avril	April
Calendrier	Calendar
Dimanche	Sunday
Février	February
Janvier	January
Jeudi	Thursday
Juillet	July
Juin	June
Lundi	Monday
Mardi	Tuesday
Mars	March
Mercredi	Wednesday
Mois	Month
Novembre	November
Octobre	October
Samedi	Saturday
Semaine	Week
Septembre	September
Vendredi	Friday

Les Abeilles
Bees

Ailes	Wings
Bénéfique	Beneficial
Cire	Wax
Diversité	Diversity
Essaim	Swarm
Écosystème	Ecosystem
Fleur	Blossom
Fleurs	Flowers
Fruit	Fruit
Fumée	Smoke
Habitat	Habitat
Insecte	Insect
Jardin	Garden
Miel	Honey
Nourriture	Food
Plantes	Plants
Pollen	Pollen
Reine	Queen
Ruche	Hive
Soleil	Sun

Littérature
Literature

Analogie	Analogy
Analyse	Analysis
Anecdote	Anecdote
Auteur	Author
Biographie	Biography
Comparaison	Comparison
Conclusion	Conclusion
Description	Description
Dialogue	Dialogue
Fiction	Fiction
Métaphore	Metaphor
Narrateur	Narrator
Poème	Poem
Poétique	Poetic
Rime	Rhyme
Roman	Novel
Rythme	Rhythm
Style	Style
Thème	Theme
Tragédie	Tragedy

Livres
Books

Auteur	Author
Aventure	Adventure
Collection	Collection
Contexte	Context
Dualité	Duality
Épique	Epic
Histoire	Story
Historique	Historical
Humoristique	Humorous
Inventif	Inventive
Lecteur	Reader
Littéraire	Literary
Narrateur	Narrator
Page	Page
Pertinent	Relevant
Poème	Poem
Poésie	Poetry
Roman	Novel
Série	Series
Tragique	Tragic

Maison
House

Balai	Broom
Bibliothèque	Library
Chambre	Room
Cheminée	Fireplace
Clés	Keys
Clôture	Fence
Cuisine	Kitchen
Douche	Shower
Fenêtre	Window
Garage	Garage
Grenier	Attic
Jardin	Garden
Lampe	Lamp
Miroir	Mirror
Mur	Wall
Plafond	Ceiling
Porte	Door
Rideaux	Curtains
Tapis	Rug
Toit	Roof

Maladie
Disease

Abdominal	Abdominal
Allergies	Allergies
Bien-Être	Wellness
Chronique	Chronic
Contagieux	Contagious
Corps	Body
Cœur	Heart
Faible	Weak
Génétique	Genetic
Héréditaire	Hereditary
Immunité	Immunity
Inflammation	Inflammation
Lombaire	Lumbar
Neuropathie	Neuropathy
Os	Bones
Pulmonaire	Pulmonary
Respiratoire	Respiratory
Santé	Health
Syndrome	Syndrome
Thérapie	Therapy

Mammifères
Mammals

Baleine	Whale
Chat	Cat
Cheval	Horse
Chien	Dog
Coyote	Coyote
Dauphin	Dolphin
Éléphant	Elephant
Girafe	Giraffe
Gorille	Gorilla
Kangourou	Kangaroo
Lapin	Rabbit
Lion	Lion
Loup	Wolf
Mouton	Sheep
Ours	Bear
Renard	Fox
Singe	Monkey
Taureau	Bull
Tigre	Tiger
Zèbre	Zebra

Mathématiques

Math

Angles	Angles
Arithmétique	Arithmetic
Carré	Square
Circonférence	Circumference
Décimal	Decimal
Diamètre	Diameter
Exposant	Exponent
Équation	Equation
Fraction	Fraction
Géométrie	Geometry
Parallèle	Parallel
Parallélogramme	Parallelogram
Perpendiculaire	Perpendicular
Périmètre	Perimeter
Polygone	Polygon
Rectangle	Rectangle
Somme	Sum
Symétrie	Symmetry
Triangle	Triangle
Volume	Volume

Mesures

Measurements

Centimètre	Centimeter
Degré	Degree
Décimal	Decimal
Gramme	Gram
Hauteur	Height
Kilogramme	Kilogram
Kilomètre	Kilometer
Largeur	Width
Litre	Liter
Longueur	Length
Masse	Mass
Mètre	Meter
Minute	Minute
Octet	Byte
Once	Ounce
Poids	Weight
Pouce	Inch
Profondeur	Depth
Tonne	Ton
Volume	Volume

Méditation

Meditation

Acceptation	Acceptance
Attention	Attention
Calme	Calm
Clarté	Clarity
Compassion	Compassion
Émotions	Emotions
Éveillé	Awake
Gentillesse	Kindness
Gratitude	Gratitude
Habitudes	Habits
Mental	Mental
Mouvement	Movement
Musique	Music
Nature	Nature
Observation	Observation
Paix	Peace
Perspective	Perspective
Posture	Posture
Respiration	Breathing
Silence	Silence

Mode

Fashion

Abordable	Affordable
Boutique	Boutique
Boutons	Buttons
Broderie	Embroidery
Cher	Expensive
Dentelle	Lace
Élégant	Elegant
Minimaliste	Minimalist
Moderne	Modern
Modeste	Modest
Modèle	Pattern
Original	Original
Pratique	Practical
Simple	Simple
Sophistiqué	Sophisticated
Style	Style
Tendance	Trend
Texture	Texture
Tissu	Fabric
Vêtements	Clothing

Musique

Music

Album	Album
Ballade	Ballad
Chanter	Sing
Chanteur	Singer
Classique	Classical
Enregistrement	Recording
Harmonie	Harmony
Harmonique	Harmonic
Instrument	Instrument
Lyrique	Lyrical
Mélodie	Melody
Microphone	Microphone
Musical	Musical
Musicien	Musician
Opéra	Opera
Poétique	Poetic
Rythme	Rhythm
Rythmique	Rhythmic
Tempo	Tempo
Vocal	Vocal

Mythologie

Mythology

Archétype	Archetype
Catastrophe	Disaster
Comportement	Behavior
Création	Creation
Créature	Creature
Croyances	Beliefs
Culture	Culture
Éclair	Lightning
Force	Strength
Guerrier	Warrior
Héros	Hero
Immortalité	Immortality
Jalousie	Jealousy
Labyrinthe	Labyrinth
Légende	Legend
Magique	Magical
Monstre	Monster
Mortel	Mortal
Tonnerre	Thunder
Vengeance	Revenge

Nature

Nature

Abeilles	Bees
Abri	Shelter
Animaux	Animals
Arctique	Arctic
Beauté	Beauty
Brouillard	Fog
Désert	Desert
Dynamique	Dynamic
Érosion	Erosion
Feuillage	Foliage
Fleuve	River
Forêt	Forest
Glacier	Glacier
Nuage	Clouds
Paisible	Peaceful
Sanctuaire	Sanctuary
Sauvage	Wild
Serein	Serene
Tropical	Tropical
Vital	Vital

Nombres

Numbers

Cinq	Five
Deux	Two
Décimal	Decimal
Dix	Ten
Dix-Huit	Eighteen
Dix-Neuf	Nineteen
Dix-Sept	Seventeen
Douze	Twelve
Huit	Eight
Neuf	Nine
Quatorze	Fourteen
Quatre	Four
Quinze	Fifteen
Seize	Sixteen
Sept	Seven
Six	Six
Treize	Thirteen
Trois	Three
Vingt	Twenty
Zéro	Zero

Nourriture #1

Food #1

Ail	Garlic
Basilic	Basil
Café	Coffee
Cannelle	Cinnamon
Carotte	Carrot
Citron	Lemon
Épinard	Spinach
Fraise	Strawberry
Jus	Juice
Lait	Milk
Navet	Turnip
Oignon	Onion
Orge	Barley
Poire	Pear
Salade	Salad
Sel	Salt
Soupe	Soup
Sucre	Sugar
Thon	Tuna
Viande	Meat

Nourriture #2

Food #2

Amande	Almond
Aubergine	Eggplant
Banane	Banana
Blé	Wheat
Brocoli	Broccoli
Cerise	Cherry
Céleri	Celery
Champignon	Mushroom
Chocolat	Chocolate
Jambon	Ham
Kiwi	Kiwi
Mangue	Mango
Oeuf	Egg
Pain	Bread
Poisson	Fish
Pomme	Apple
Poulet	Chicken
Raisin	Grape
Riz	Rice
Tomate	Tomato

Nutrition

Nutrition

Amer	Bitter
Appétit	Appetite
Calories	Calories
Comestible	Edible
Diète	Diet
Digestion	Digestion
Épices	Spices
Équilibré	Balanced
Fermentation	Fermentation
Glucides	Carbohydrates
Liquides	Liquids
Poids	Weight
Protéines	Proteins
Qualité	Quality
Sain	Healthy
Santé	Health
Sauce	Sauce
Saveur	Flavor
Toxine	Toxin
Vitamine	Vitamin

Océan

Ocean

Algue	Seaweed
Anguille	Eel
Baleine	Whale
Bateau	Boat
Corail	Coral
Crabe	Crab
Crevette	Shrimp
Dauphin	Dolphin
Éponge	Sponge
Huître	Oyster
Méduse	Jellyfish
Poisson	Fish
Poulpe	Octopus
Requin	Shark
Récif	Reef
Sel	Salt
Tempête	Storm
Thon	Tuna
Tortue	Turtle
Vagues	Waves

Oiseaux
Birds

Aigle	Eagle
Autruche	Ostrich
Canard	Duck
Cigogne	Stork
Colombe	Dove
Corbeau	Crow
Coucou	Cuckoo
Cygne	Swan
Héron	Heron
Manchot	Penguin
Moineau	Sparrow
Mouette	Gull
Oeuf	Egg
Oie	Goose
Paon	Peacock
Perroquet	Parrot
Pélican	Pelican
Pigeon	Pigeon
Poulet	Chicken
Toucan	Toucan

Pays #1
Countries #1

Afghanistan	Afghanistan
Allemagne	Germany
Argentine	Argentina
Brésil	Brazil
Canada	Canada
Espagne	Spain
Équateur	Ecuador
Finlande	Finland
Inde	India
Israël	Israel
Libye	Libya
Mali	Mali
Maroc	Morocco
Nicaragua	Nicaragua
Norvège	Norway
Panama	Panama
Philippines	Philippines
Pologne	Poland
Roumanie	Romania
Venezuela	Venezuela

Pays #2
Countries #2

Albanie	Albania
Chine	China
Danemark	Denmark
France	France
Haïti	Haiti
Indonésie	Indonesia
Irlande	Ireland
Jamaïque	Jamaica
Japon	Japan
Kenya	Kenya
Laos	Laos
Liban	Lebanon
Mexique	Mexico
Ouganda	Uganda
Pakistan	Pakistan
Russie	Russia
Somalie	Somalia
Soudan	Sudan
Syrie	Syria
Ukraine	Ukraine

Paysages
Landscapes

Cascade	Waterfall
Colline	Hill
Désert	Desert
Estuaire	Estuary
Fleuve	River
Geyser	Geyser
Glacier	Glacier
Grotte	Cave
Iceberg	Iceberg
Île	Island
Lac	Lake
Marais	Swamp
Mer	Sea
Montagne	Mountain
Oasis	Oasis
Péninsule	Peninsula
Plage	Beach
Toundra	Tundra
Vallée	Valley
Volcan	Volcano

Philanthropie
Philanthropy

Besoin	Need
Buts	Goals
Charité	Charity
Communauté	Community
Contacts	Contacts
Défis	Challenges
Enfants	Children
Finance	Finance
Fonds	Funds
Gens	People
Générosité	Generosity
Global	Global
Groupes	Groups
Histoire	History
Honnêteté	Honesty
Humanité	Humanity
Jeunesse	Youth
Mission	Mission
Programmes	Programs
Public	Public

Photographie
Photography

Adoucir	Soften
Cadre	Frame
Caméra	Camera
Composition	Composition
Contraste	Contrast
Couleur	Color
Définition	Definition
Exposition	Exhibition
Éclairage	Lighting
Format	Format
Noir	Black
Objet	Object
Obscurité	Darkness
Ombre	Shadows
Perspective	Perspective
Portrait	Portrait
Sujet	Subject
Texture	Texture
Visuel	Visual
Vue	View

Physique
Physics

Accélération	Acceleration
Atome	Atom
Chaos	Chaos
Chimique	Chemical
Densité	Density
Électron	Electron
Formule	Formula
Fréquence	Frequency
Gaz	Gas
Gravité	Gravity
Magnétisme	Magnetism
Masse	Mass
Mécanique	Mechanics
Molécule	Molecule
Moteur	Engine
Nucléaire	Nuclear
Particule	Particle
Relativité	Relativity
Universel	Universal
Vitesse	Speed

Plantes
Plants

Arbre	Tree
Baie	Berry
Bambou	Bamboo
Botanique	Botany
Buisson	Bush
Cactus	Cactus
Engrais	Fertilizer
Feuillage	Foliage
Fleur	Flower
Flore	Flora
Forêt	Forest
Grandir	Grow
Haricot	Bean
Herbe	Grass
Jardin	Garden
Lierre	Ivy
Mousse	Moss
Pétale	Petal
Racine	Root
Végétation	Vegetation

Professions #1
Professions #1

Ambassadeur	Ambassador
Astronome	Astronomer
Avocat	Attorney
Banquier	Banker
Bijoutier	Jeweler
Cartographe	Cartographer
Chasseur	Hunter
Danseur	Dancer
Entraîneur	Coach
Éditeur	Editor
Géologue	Geologist
Infirmière	Nurse
Médecin	Doctor
Musicien	Musician
Pianiste	Pianist
Plombier	Plumber
Pompier	Firefighter
Psychologue	Psychologist
Scientifique	Scientist
Vétérinaire	Veterinarian

Professions #2
Professions #2

Astronaute	Astronaut
Bibliothécaire	Librarian
Biologiste	Biologist
Chercheur	Researcher
Chirurgien	Surgeon
Dentiste	Dentist
Détective	Detective
Enseignant	Teacher
Illustrateur	Illustrator
Ingénieur	Engineer
Inventeur	Inventor
Jardinier	Gardener
Journaliste	Journalist
Linguiste	Linguist
Médecin	Physician
Peintre	Painter
Philosophe	Philosopher
Photographe	Photographer
Pilote	Pilot
Zoologiste	Zoologist

Psychologie
Psychology

Clinique	Clinical
Comportement	Behavior
Conflit	Conflict
Ego	Ego
Enfance	Childhood
Expériences	Experiences
Émotions	Emotions
Évaluation	Assessment
Idées	Ideas
Inconscient	Unconscious
Pensées	Thoughts
Perception	Perception
Personnalité	Personality
Problème	Problem
Rendez-Vous	Appointment
Réalité	Reality
Rêves	Dreams
Sensation	Sensation
Subconscient	Subconscious
Thérapie	Therapy

Randonnée
Hiking

Animaux	Animals
Bottes	Boots
Camping	Camping
Carte	Map
Climat	Climate
Eau	Water
Falaise	Cliff
Fatigué	Tired
Guides	Guides
Lourd	Heavy
Météo	Weather
Montagne	Mountain
Nature	Nature
Orientation	Orientation
Parcs	Parks
Pierres	Stones
Préparation	Preparation
Sauvage	Wild
Soleil	Sun
Sommet	Summit

Restaurant #2

Restaurant #2

Boisson	Beverage
Chaise	Chair
Cuillère	Spoon
Déjeuner	Lunch
Délicieux	Delicious
Dîner	Dinner
Eau	Water
Épices	Spices
Fourchette	Fork
Fruit	Fruit
Gâteau	Cake
Glace	Ice
Légumes	Vegetables
Nouilles	Noodles
Oeuf	Eggs
Poisson	Fish
Salade	Salad
Sel	Salt
Serveur	Waiter
Soupe	Soup

Réchauffement Climatique

Global Warming

Arctique	Arctic
Attention	Attention
Climat	Climate
Crise	Crisis
Développement	Development
Données	Data
Environnemental	Environmental
Énergie	Energy
Futur	Future
Gaz	Gas
Générations	Generations
Gouvernement	Government
Habitats	Habitats
Industrie	Industry
International	International
Législation	Legislation
Maintenant	Now
Populations	Populations
Scientifique	Scientist
Températures	Temperatures

Santé et Bien-Être #1

Health and Wellness #1

Actif	Active
Bactéries	Bacteria
Blessure	Injury
Clinique	Clinic
Faim	Hunger
Fracture	Fracture
Habitude	Habit
Hauteur	Height
Hormone	Hormones
Médecin	Doctor
Médicament	Medicine
Muscles	Muscles
Os	Bones
Peau	Skin
Pharmacie	Pharmacy
Posture	Posture
Réflexe	Reflex
Thérapie	Therapy
Traitement	Treatment
Virus	Virus

Santé et Bien-Être #2

Health and Wellness #2

Allergie	Allergy
Anatomie	Anatomy
Appétit	Appetite
Calorie	Calorie
Corps	Body
Déshydratation	Dehydration
Énergie	Energy
Génétique	Genetics
Hôpital	Hospital
Hygiène	Hygiene
Infection	Infection
Maladie	Disease
Massage	Massage
Nutrition	Nutrition
Poids	Weight
Récupération	Recovery
Sain	Healthy
Sang	Blood
Stress	Stress
Vitamine	Vitamin

Science

Science

Atome	Atom
Chimique	Chemical
Climat	Climate
Données	Data
Expérience	Experiment
Évolution	Evolution
Fait	Fact
Fossile	Fossil
Gravité	Gravity
Hypothèse	Hypothesis
Laboratoire	Laboratory
Méthode	Method
Minéraux	Minerals
Molécules	Molecules
Nature	Nature
Observation	Observation
Organisme	Organism
Particules	Particles
Physique	Physics
Scientifique	Scientist

Science-Fiction

Science Fiction

Atomique	Atomic
Cinéma	Cinema
Explosion	Explosion
Extrême	Extreme
Fantastique	Fantastic
Feu	Fire
Futuriste	Futuristic
Galaxie	Galaxy
Illusion	Illusion
Imaginaire	Imaginary
Livres	Books
Monde	World
Mystérieux	Mysterious
Oracle	Oracle
Planète	Planet
Réaliste	Realistic
Robots	Robots
Scénario	Scenario
Technologie	Technology
Utopie	Utopia

Sport
Sport

Athlète	Athlete
Capacité	Ability
Corps	Body
Cyclisme	Cycling
Danse	Dancing
Diète	Diet
Endurance	Endurance
Entraîneur	Coach
Force	Strength
Jogging	Jogging
Maximiser	Maximize
Métabolique	Metabolic
Muscles	Muscles
Nager	To Swim
Nutrition	Nutrition
Objectif	Goal
Os	Bones
Programme	Program
Santé	Health
Sports	Sports

Technologie
Technology

Affichage	Display
Blog	Blog
Caméra	Camera
Curseur	Cursor
Données	Data
Écran	Screen
Fichier	File
Internet	Internet
Logiciel	Software
Message	Message
Navigateur	Browser
Numérique	Digital
Octets	Bytes
Ordinateur	Computer
Police	Font
Recherche	Research
Sécurité	Security
Statistiques	Statistics
Virtuel	Virtual
Virus	Virus

Types de Cheveux
Hair Types

Argent	Silver
Blanc	White
Blond	Blond
Boucles	Curls
Brillant	Shiny
Chauve	Bald
Coloré	Colored
Court	Short
Doux	Soft
Épais	Thick
Frisé	Curly
Gris	Gray
Long	Long
Marron	Brown
Mince	Thin
Noir	Black
Ondulé	Wavy
Sain	Healthy
Sec	Dry
Tressé	Braided

Vêtements
Clothes

Bracelet	Bracelet
Ceinture	Belt
Chapeau	Hat
Chaussure	Shoe
Chemise	Shirt
Chemisier	Blouse
Collier	Necklace
Foulard	Scarf
Gants	Gloves
Jeans	Jeans
Jupe	Skirt
Manteau	Coat
Mode	Fashion
Pantalon	Pants
Pull	Sweater
Pyjama	Pajamas
Robe	Dress
Sandales	Sandals
Tablier	Apron
Veste	Jacket

Félicitations

Vous avez réussi !

Nous espérons que vous avez apprécié ce livre autant que nous avons pris plaisir à le concevoir. Nous faisons de notre mieux pour créer des livres de la meilleure qualité possible.
Cette édition est conçue pour permettre un apprentissage intelligent et de qualité en se divertissant !

Vous avez aimé ce livre ?

Une Simple Demande

Nos livres existent grâce aux avis que vous publiez. Pourriez-vous nous aider en laissant un avis maintenant ?

Voici un lien rapide qui vous mènera à votre page d'évaluation de vos commandes :

BestBooksActivity.com/Avis50

CHALLENGE FINAL !

Défi n°1

Êtes-vous prêt pour votre jeu bonus ? Nous les utilisons tout le temps mais ils ne sont pas si faciles à trouver. Voici les Synonymes !

Notez 5 mots que vous avez trouvés dans les puzzles notés ci-dessous (n°21, n°36, n°76) et essayez de trouver 2 synonymes pour chaque mot.

*Notez 5 Mots du **Puzzle 21***

Mots	Synonyme 1	Synonyme 2

*Notez 5 Mots du **Puzzle 36***

Mots	Synonyme 1	Synonyme 2

*Notez 5 Mots du **Puzzle 76***

Mots	Synonyme 1	Synonyme 2

Défi n°2

Maintenant que vous vous êtes échauffé, notez 5 mots que vous avez découverts dans les Puzzles n° 9, n° 17, n° 25 et essayez de trouver 2 antonymes pour chaque mot. Combien pouvez-vous en trouver en 20 minutes ?

Notez 5 Mots du ***Puzzle 9***

Mots	Antonyme 1	Antonyme 2

Notez 5 Mots du ***Puzzle 17***

Mots	Antonyme 1	Antonyme 2

Notez 5 Mots du ***Puzzle 25***

Mots	Antonyme 1	Antonyme 2

Défi n°3

Formidable ! Ce défi final  n'est rien pour vous.

Prêt pour le dernier défi ? Choisissez 10 mots que vous avez découverts parmi les différents puzzles et notez-les ci-dessous.

1.	6.
2.	7.
3.	8.
4.	9.
5.	10.

Maintenant, composez un texte en pensant à une personne, un animal ou un lieu que vous aimez !

Astuce: Vous pouvez utiliser la dernière page de ce livre comme brouillon !

Votre Composition :

CARNET DE NOTES :

À TRÈS BIENTÔT !

Toute l'équipe